DU MÊME AUTEUR

Aux Éditions Gallimard

DES FILLES BIEN ÉLEVÉES.

MON BEAU NAVIRE (« Folio », n° *2292*).

MARIMÉ (« Folio », n° *2514*).

CANINES (« Folio », n° *2761*).

HYMNES À L'AMOUR (« Folio », n° *3036*).

UNE POIGNÉE DE GENS. Grand Prix du roman de l'Académie française 1998 (« Folio », n° *3358*).

AUX QUATRE COINS DU MONDE (« Folio », n° *3770*).

SEPT GARÇONS (« Folio », n° *3981*).

JE M'APPELLE ÉLISABETH (« Folio », n° *4270*).

JEUNE FILLE

ANNE WIAZEMSKY

JEUNE FILLE

roman

GALLIMARD

© *Éditions Gallimard, 2007.*

Pour Antoine Gallimard

17 février 2004

Elle est assise devant moi, concentrée, attentive, soucieuse d'apporter des réponses à mes questions. Sa petite taille, la minceur de son corps enfoui dans une robe de chambre et l'expression sérieuse de son visage la font ressembler à une enfant un peu malade, momentanément consignée dans sa chambre. Quand elle sourit, des rides strient la peau fine, pâle, presque transparente. Sa voix singulière est demeurée la même malgré quelques hésitations. C'est celle de Thérèse, la bouleversante criminelle des *Anges du péché*, le premier film de Robert Bresson, tourné à Paris, en 1943. Pour moi, elle s'efforce d'évoquer l'homme qu'il a été. Cette femme s'appelle Jany Holt.

De temps en temps, elle se tait. Mais ses silences sont pleins, je ne sais pas de quoi, peut-être d'autres morceaux de sa vie dans lesquels elle

s'attarde. Je me tais aussi, ma respiration sus-
pendue à la sienne. J'attends qu'elle se rappelle
que nous sommes là, qu'elle reprenne le récit
commencé. Ce qu'elle fait avec un grand naturel :
« *Il* ressemblait à un chevalier. » Des amorces de
questions, des mots suggérés l'aident à se souvenir. « *Il* ne disait rien, mais *il* vous faisait répéter
jusqu'à ce que ça lui plaise. Et quand ça lui plaisait, *il* coupait. C'était un homme froid, rigou-
reux, très sincère, très vrai », « Quelquefois *il* vous
faisait reprendre, on ne savait pas pourquoi, mais
c'était lui qui avait raison », « On faisait les choses
comme on le pensait et *il* nous demandait, plus
sec, plus sec... », « *Il* avait une façon de vous envahir qui était très bonne. On ne s'appartenait plus,
on lui faisait confiance tout en n'étant pas de
bonne humeur. Alors on se taisait et sur un ton
un peu fâché : ah oui, *il* nous appelle, *il* nous
appelle... Pourquoi, *il* ? Bresson nous appelle ! ».

Une question qui n'a rien à voir avec la raison
de ma visite me vient soudain à l'esprit : « Était-il
amoureux de vous ? » Je ne la formulerai pas, je
l'oublierai même aussitôt.

Mais cette même question réapparaîtra quelques mois plus tard, le 31 juillet 2004, à Saint-
Aubin-sur-Mer où je suis venue recueillir les souvenirs de Renée Faure, l'autre merveilleuse interprète des *Anges du péché*. Un bref instant décon-
tenancée, elle a un grand rire théâtral : « Lui ?

Amoureux de moi? Ah, ça non par exemple!... »
J'insiste et cela relance son rire. « Vous savez que
vous êtes très drôle? Faire tant de kilomètres un
31 juillet pour m'interviewer à propos de ce vieux
film et me demander, en plus, s'*il* était amoureux
de moi... Sachez qu'*il* ne l'était pas et moi non
plus, d'ailleurs! D'où vous viennent ces idées
absurdes? »

À n'en pas douter, elle est sincère.

Comme c'est étrange.

Printemps 1965

Florence court devant moi, se retourne, m'encourage à ne pas ralentir:

— *Il* nous attend, *il* nous attend.

Sa foulée est précise, régulière: je n'aurais jamais imaginé que cette belle universitaire de vingt-trois ans puisse aussi être une sportive.

Au détour d'un couloir de la station Saint-Michel, je la perds et m'arrête, stupide et indécise. C'est notre troisième changement et ma méconnaissance du métro parisien me fait exagérer l'importance de cette traversée de Paris sous la terre. Pourquoi ai-je accepté de la suivre? Pourquoi ai-je cru à ses paroles enjôleuses? Il n'y a rien de commun entre elle et l'adolescente timide et maladroite que je suis et dont elle prétend pouvoir changer le destin.

Changer mon destin. C'est exactement de quoi il s'agit, là, à cet instant, même si je ne peux y

14

croire. D'ailleurs, pour me décider à la suivre, elle a utilisé des mots moins solennels. Et puis elle joue, la belle amie d'un de mes oncles. Avec moi, d'abord, et peut-être avec lui, l'homme qui nous a fixé rendez-vous et dont elle me parle avec passion. Je la crois assez intelligente et audacieuse pour jouer avec le monde entier. Je l'admire.

— Qu'est-ce qui t'arrive? Nous allons être en retard et *il* va attendre.

Florence m'a retrouvée. Avec autorité, elle m'attrape par le poignet et m'entraîne à sa suite. Sa main me serre avec force, je ne risque plus de lui échapper.

L'homme qui nous ouvre la porte de son appartement de l'île Saint-Louis est grand, âgé, d'une élégance discrète. Il porte un pantalon beige, une chemise claire et un pull en cachemire gris-bleu. Il a une belle chevelure blanche, une peau hâlée, une voix agréable qui zézaie légèrement. Malgré la saison, il est pieds nus dans des espadrilles.

Après nous avoir fait asseoir dans un salon, il commence à s'entretenir avec Florence. Une conversation brillante où questions et réponses se télescopent. Je me tiens à l'écart, attentive à sa présence, au silence alentour. Je ne me demande plus pourquoi j'ai accepté de suivre Florence : je me sens bien près d'eux, les écouter me suffit. J'ignore ce dont ils parlent, même si leur virtuosité à passer d'un sujet à l'autre me rappelle celle de certains hommes de ma famille. Mais je ne suis pas exclue : je sens son regard à lui qui se pose sur moi, s'éloigne, revient.

— Vous avez quel âge, mademoiselle ?

— Dix-sept ans, répond Florence à ma place.

Il a un geste d'impatience et son ton devient sec.

— J'aimerais entendre sa voix.

Florence bredouille des excuses et se déplace sur le canapé comme pour nous ménager un tête-à-tête. Lui se penche vers moi assise dans un fauteuil et, de façon appliquée, presque mécanique, commence à me poser des questions. N'importe lesquelles. Sur mon collège, ma scolarité, mes goûts. Mes réponses informes, parfois à peine audibles, me renvoient aussitôt à ce que je suis : une adolescente mal dans sa peau, pas jolie et qui n'ose rien espérer de la vie. Je le crois déçu, irrité de perdre ainsi son temps. Florence contemple obstinément un point invisible sur le mur, près de la fenêtre.

— J'aimerais vous entendre lire.

Il se lève et feint de chercher dans sa bibliothèque. Pour s'étonner ensuite de trouver le livre posé sur une table basse, juste à côté de lui. Il l'ouvre, me le tend.

— Vous lirez Anne-Marie. Je vous donnerai la réplique, je connais tous les rôles par cœur.

Je commence, il m'interrompt aussitôt.

— Non, non, non. Écoutez-moi, puis faites exactement comme moi.

Il lit à peu près une page, me rend le livre et me fait signe de reprendre. Je lui obéis en m'efforçant d'être au plus près de ses intonations et sans omettre son léger zézaiement. J'agis sans malice, uniquement préoccupée de réussir au mieux cet étrange exercice. Il m'interrompt à nouveau. Malgré son ton courtois, il semble soudain un peu nerveux. Il me prie d'être moins « gamine », plus « appliquée » et se lance dans une série d'explications auxquelles je ne comprends rien. Cela m'évoque l'effrayant baccalauréat qui m'attend au mois de juin. En pire, peut-être. J'ai chaud, je respire mal, je voudrais partir. Florence fixe toujours le point invisible sur le mur.

— Essayez encore une fois... Ce n'est pas grave si vous bafouillez... Efforcez-vous juste de lire le texte... Sans aucune intention... Sans y penser...

Le contraste entre la douceur soudaine de sa voix et l'intensité du regard me donne envie de le croire, de lui plaire. Ce sont des sentiments confus mais suffisamment forts pour que j'ouvre le livre que j'avais refermé. Il chuchote :

— Bien, allez-y.

— *Je ne sais pas de devinette, mais je sais une énigme. Vaut-il mieux avoir de la poussière sur ses meubles ou sur son âme ?*

— *D'où vient cette question ?*

— *Mère Saint-Jean estime qu'un peu de poussière sur un meuble choque Dieu.*

— *Et alors ?*

17

— *Moi, je prétends qu'un peu de poussière sur une âme est pour lui une offense plus grande.*

— *Qu'appelez-vous poussière sur une âme ?*

— *Je n'ai que le choix. L'hypocrisie, par exemple.*

— C'est mieux, bien mieux !

Il se lève, fait quelques pas dans la pièce, souriant, affable et sans me quitter des yeux. Il revient s'asseoir en face de moi et sur un ton mondain, m'apprend que nous venons de lire un extrait des dialogues de son premier film *Les Anges du péché,* écrit par Jean Giraudoux. Est-ce que je l'ai vu ? Non ? Aucune importance ! Et *Les Dames du bois de Boulogne ?* Non plus ? Il paraît enchanté, me félicite pour mon ignorance. Je suis étourdie par la rapidité de ses propos, charmée qu'il s'adresse à moi comme il s'adressait auparavant à Florence. Il se penche en avant, se rapproche.

— Vous allez me faire plaisir et reprendre la lecture. Vous voulez bien me faire plaisir, n'est-ce pas ? Le même texte, en essayant de ne plus penser du tout à ce que vous dites. Vous comprenez ?

Cette demande murmurée ressemble à une prière.

— *Je ne sais pas de devinette, mais je sais une énigme. Vaut-il mieux avoir de la poussière sur ses meubles ou sur son âme ?*

Quai Bourbon, Florence me serre le bras encore et encore. Son visage irradie d'une joie sauvage et triomphante comme au sortir d'une terrible épreuve. Elle parle sans arrêt, elle rit, elle est très exaltée.

— Tu lui as plu tout de suite, je le sais, je l'ai senti au plus profond de moi... *Il* va t'aimer. Tu seras heureuse.

Nous longeons les bords de la Seine. Je regarde les pêcheurs à la ligne, les promeneurs. Celui que nous venons à peine de quitter, que je n'ose pas encore nommer, nous a raconté comment, à la fenêtre de son appartement, il avait assisté à quelques suicides. « C'est beaucoup plus fréquent qu'on ne le croit. Si, si, si... » Florence continue à monologuer. Parfois mon mutisme l'agace et elle me bourre de coups de poing, sans me faire mal, mais avec l'énergie d'un garçon. Elle veut m'inviter à boire un café dans un salon de thé anglais, de l'autre côté de la Seine :

— C'est là qu'*il* m'a donné rendez-vous, la première fois.

Elle s'est mise à chuchoter et je sens son haleine tiède sur mon cou, près de mon visage.

— Je te raconterai tout... Sur lui... sur la façon dont *il* se comportera avec toi.

Le ciel est couvert, mais un peu de lumière perce derrière les nuages. Un groupe de filles en chandail nous bouscule. La température s'est réchauffée depuis le matin, depuis le moment où Florence m'attendait devant mon immeuble. Il me semble entendre des cris d'hirondelles. Seraient-elles enfin de retour ? Un homme joue du violon, au milieu du pont Notre-Dame. Il est beau, jeune, inspiré, tout à sa musique. J'aimerais m'arrêter et l'écouter. Florence continue à m'entraîner, à parler.

— C'est la fin de l'hiver, dis-je soudain.

Florence ne m'a pas entendue.

C'était le printemps et pour la première fois depuis deux ans, depuis la mort de mon père, je l'attendais avec impatience. Dans mon cahier de textes, j'avais recopié ces lignes extraites d'un roman de mon grand-père, François Mauriac : « Le bonheur, c'est d'être cerné de mille désirs, d'entendre autour de soi craquer les branches. » Si la première partie de cette définition m'était encore inconnue, je commençais à entrevoir la seconde : j'écoutais, j'entendais « autour de moi craquer les branches ». C'était diffus, nouveau, troublant. Cela surgissait sans raison, n'importe où. Je rêvais alors à ce que pourrait être ma vie, j'étais agitée, traversée de bribes d'espoir. Mais cette ivresse printanière ne durait pas et je me retrouvais accablée, certaine que rien, jamais, ne me détournerait de ma médiocrité. La vision de mon corps achevait de me décourager : il avait subi une sorte de mue et la jeune fille que j'étais en train de devenir m'était étrangère.

Depuis notre rencontre dans son appartement de l'île Saint-Louis, *il* ne s'était pas manifesté. Florence ne s'en inquiétait pas: *il* hésitait, *il* prenait son temps, *il* me contacterait, elle en était convaincue. Son assurance m'impressionnait. Nous ne nous étions pas revues mais elle me téléphonait régulièrement.

Un autre souci me tourmentait, un autre suspense. Depuis la rentrée de septembre, le ministère de l'Éducation nationale envisageait de supprimer le baccalauréat entre la classe de première et la classe de philo. J'étais en classe de première, au collège Sainte-Marie de Passy, cela me concernait au plus haut point. Et un matin, alors que je désespérais plus qu'à l'ordinaire de ma future vie, la merveilleuse information arriva: il n'y aurait plus, au mois de juin, de baccalauréat. C'était un cadeau du ciel, la preuve qu'une bonne étoile veillait sur moi. Et je me remis à espérer avec un regain d'énergie: *il* allait se manifester.

Il se manifesta.

— C'est pour toi.

Je n'avais pas entendu la sonnerie du téléphone, ni ma mère répondre. Elle me tendit le combiné en silence, avec une expression craintive que je ne lui connaissais pas. Puis, sans dire un mot, elle quitta la pièce. Referma-t-elle la porte derrière elle? Je ne m'en souviens pas. Je m'étais déjà détournée de manière qu'elle ne voie pas mon impatience, la subite rougeur de mon visage, le tremblement de mes mains.

— C'est vous, enfin... Vous m'avez beaucoup manqué... Je pensais tellement à vous... Dites-moi que vous aussi vous pensiez à moi... Hier, c'était jeudi... Comment avez-vous occupé votre jour de congé? Et votre collège, vous l'aimez? C'est un collège religieux, je crois? Parlez-moi... Dites ce que vous voulez... Quand j'entends votre voix, c'est comme si vous étiez devant moi... J'ai besoin d'entendre votre voix pour apprendre à vous connaître, savoir un peu mieux qui vous êtes...

Il y eut d'autres appels téléphoniques. Je devais répondre à toutes sortes de questions, anodines, sans rapport les unes avec les autres. Son écoute était à la fois attentive et distraite. Je m'habituais à lui au point de ne plus remarquer son léger zézaiement. Mais j'avais l'impression que j'aurais pu lui raconter n'importe quoi et cela me déconcertait. Ma mère, mon frère et mes grands-parents dont l'appartement communiquait avec le nôtre hésitaient entre s'inquiéter ou se moquer de moi. Florence, elle, se réjouissait. « *Il* teste ta voix, c'est un excellent signe. S'*il* n'avait pas voulu de toi, *il* aurait déjà cessé d'appeler. Je parie que bientôt *il* souhaitera te revoir. »

Les coups de téléphone se poursuivaient, la plupart du temps en fin de journée, quand je rentrais du collège. Mais quelque chose changea soudain. Sans raison apparente sa voix se durcit et ses propos prirent une autre direction, précise, brutale. *Il* avait perdu assez de temps avec moi, *il*

24

devait songer à son film, *il* était sur le point d'engager une jeune fille à qui *il* venait de faire passer des essais, en studio. Devant mon effarement, la voix au téléphone s'adoucit et retrouva un peu de cette bienveillance feutrée à laquelle j'étais devenue si sensible. *Il* n'était pas totalement convaincu par la projection des essais, est-ce que j'aurais la gentillesse de venir chez lui, quai Bourbon? Sans engagement de sa part: *il* pensait que je n'étais pas le personnage de son film.

Ce dernier point, Florence le réfuta aussitôt. Nous traversions le pont Notre-Dame, elle était agitée, nerveuse et, pour la première fois, elle m'en dit plus.

— Absurde! J'ai lu le scénario d'*Au hasard Balthazar*, Marie, c'est toi! C'est pour ça que j'ai tenu à ce qu'*il* te rencontre. *Il* le sait que c'est toi! Des essais à une autre fille? Pftt...

J'étais nouée, perdue, égarée dans une détresse sans nom. Ce deuxième rendez-vous, je m'y rendais comme on va à une punition, pire, à une exécution. Cela devait se lire sur mon visage et Florence s'en émut.

— Écoute-moi bien: *il* te ment. J'ignore à quoi *il* joue mais *il* joue et *il* te ment.

Elle anticipa ma question.

— Ne me demande pas pourquoi, c'est comme ça.

J'hésitais encore, au bas de l'immeuble. D'une bourrade dans les épaules Florence me poussa à franchir le porche : elle avait à cet instant la force d'un jeune garçon et la séduction d'une femme aguerrie.

Je dus lire et relire la même scène des *Anges du péché*. Les indications claquaient, brèves et sèches : « Pas de sentiment », « Plus vite », « Encore plus vite », « Ne pensez à rien ». L'homme assis en face de moi ne me lâchait pas des yeux. Il me donnait la réplique comme on joue au ping-pong, avec un automatisme parfaitement rodé. Je croyais en avoir fini ? Non, il fallait reprendre. Nos respirations s'étaient vite accordées. Laquelle s'était adaptée au rythme de l'autre ? Peu importait. Ce qui comptait, c'était la relative facilité avec laquelle je me pliais à ses directives, hypnotisée par le débit monotone de sa voix, la puissance de son regard, le silence autour de nous. À croire que Florence s'était volatilisée et qu'il n'y avait plus aucune vie dans l'immeuble, sur les quais, dans l'île Saint-Louis.

— *Je ne sais pas de devinette, mais je sais une énigme. Vaut-il mieux avoir de la poussière sur ses meubles ou sur son âme ?*

— *D'où vient cette question ?*

— *Mère Saint-Jean...*

— Assez.

L'homme semblait maintenant de très bonne humeur. Il s'étira avec des grâces de félin, fit le tour du salon, s'arrêta devant moi qui n'avais pas bougé. Il se pencha en avant de façon que nos visages se retrouvent à la même hauteur et me contempla un instant avec une expression à la fois émerveillée et triomphante. Sa main se tendit et caressa une de mes joues, sans se presser, avec naturel.

— Sa voix est naturellement blanche, je n'aurais même pas à la faire travailler.

— Je vous l'avais dit.

Florence qui n'avait pas bougé du fauteuil reprenait vie. Comme l'immeuble, le quai, l'île Saint-Louis: le son d'un piano à un autre étage, des cris d'enfants, des appels de chalutiers, sur la Seine. Une sonnerie de téléphone résonna dans une pièce voisine. Il y eut un claquement de talons hauts sur le plancher et une voix de femme répondit. La sienne? Florence m'avait appris qu'il était marié depuis très longtemps.

— Et elle a la peau douce, si douce...

Le rire de Florence se fit complice, presque canaille, et elle se leva pour le rejoindre. Maintenant, ils s'entretenaient à mi-voix, sans tenir compte de ma présence, comme si j'avais simplement cessé d'exister. Après ce que j'avais éprouvé durant la lecture, c'était insupportable. Pour attirer leur attention, je me mis à tousser. Cela ne servit à rien: ils avaient ouvert leur agenda et

27

cherchaient une date pour se fixer un rendez-vous. Je contemplais stupéfaite Florence qui déployait toute sa séduction envers celui qui nous recevait. Et il me sembla alors les découvrir tels qu'ils étaient en réalité : une jeune femme, mon amie, qui faisait la belle pour enjôler un vieux, un très vieux monsieur.

J'avais enfilé mon manteau et je m'apprêtais à quitter la pièce quand il m'attrapa par le bras.

— Pourquoi vous en aller si vite ? Nous avons assez travaillé pour aujourd'hui mais je veux tout de même vous montrer le scénario de mon film. La prochaine fois que vous viendrez me voir, je vous parlerai peut-être de l'histoire, de Marie...

Florence se rapprochait. Il chuchota en accentuant la pression sur mon bras :

— Mais venez sans elle.

Brusquement, on ne parla plus que de lui. Toute la famille s'agitait: devait-on, à mon âge, me laisser faire du cinéma? Mon grand-père se souvenait que je lui avais confié un jour mon rêve de devenir actrice, de faire du théâtre. Une de mes tantes se gaussait: « Elle ne sait pas se tenir, elle n'a pas de voix. Comment pourrait-elle faire du théâtre? Quant au cinéma, elle n'en a pas le physique, voyons! »

Depuis la mort de notre père, mon frère Pierre et moi dépendions d'une sorte de tutelle familiale où nos grands-parents occupaient les places d'honneur. Au printemps 1965, m'accorder ou me refuser la permission de tourner un film était une décision si grave que notre mère s'en remit entièrement au jugement de son père, François Mauriac. Celui-ci hésitait. Robert Bresson n'était pas Roger Vadim mais un cinéaste catholique, l'auteur entre autres films du *Journal d'un curé de campagne* et du *Procès de Jeanne d'Arc*. Le tournage

aurait lieu durant les vacances d'été et n'empiéte-
rait pas sur la rentrée scolaire de septembre. Mais
qu'adviendrait-il ensuite?

J'avais une chance inouïe, mon grand-père
m'aimait. Il me l'avait prouvé lors de la maladie
de mon père et surtout après, quand il s'était agi
de continuer à vivre. Sans sa tendresse, sans l'intérêt qu'il me portait, je crois que je serais morte
de chagrin. Il me regardait grandir avec curiosité
et un peu d'appréhension, me jugeait différente
de ses autres petites-filles et affirmait que mon
chemin serait singulier. Et tout à coup, la réalité
lui donnait raison : un cinéaste reconnu m'envisageait pour le rôle principal de son film. Mon
grand-père mesurait la portée, dans l'immédiat
et dans le futur, d'un tel engagement, sa responsabilité. Il y avait là matière à l'effrayer. Comme
l'effrayait *aussi* d'avoir à me refuser ce qu'il
considérait être une expérience rare, passionnante, qui sans doute ne se représenterait jamais.

Je revis une fois celui que je n'osais toujours pas
appeler par son nom. Maintenant officiellement
mandatée par ma famille, Florence m'accompa-
gna. Comme lors du précédent rendez-vous, elle
sut s'effacer tandis que je lisais et relisais une
scène des *Anges du péché*.

Robert Bresson paraissait de plus en plus satisfait mais il ne se décidait toujours pas à m'engager. Travaillait-il avec l'autre jeune fille? En cher-
chait-il une troisième? Je l'ignorais. Cela me

torturait le jour et m'empêchait de dormir la nuit. Je voulais ce film comme je n'avais jamais encore voulu quelque chose. De tout mon être, avec le sentiment que ma vie entière en dépendait. C'était devenu une obsession de chaque instant. « Tu ne penses qu'à ça », me reprochait-on. S'il y avait eu un baccalauréat au mois de juin, je l'aurais raté. Qu'on l'ait supprimé me réconfortait car je persistais à y voir un bon présage.

« Pour toi, Bresson. » Maman m'avait appelée alors que je faisais mes devoirs, dans ma chambre. Ce n'était pas l'heure habituelle et je pris le téléphone avec crainte.

— J'aimerais vous faire passer des essais. Il faudra apprendre deux scènes des *Anges*. Je vous envoie le texte dans la soirée.

Les essais avaient lieu aux studios de Boulogne. J'avais eu dix-huit ans quelques jours auparavant, j'étais mineure et maman m'accompagnait.

Dans le taxi qui nous conduisait, nous étions aussi émues l'une que l'autre. C'était inattendu : depuis la mort de mon père nous nous heurtions souvent à propos de n'importe quoi, ce qui rendait la vie quotidienne très difficile. Une incompréhension réciproque s'était installée entre nous et rien ne semblait pouvoir la dissiper.

Mais durant ces dernières semaines, maman s'était rapprochée de moi. D'abord méfiante, elle avait compris puis accepté mon désir de participer au film. Elle ne me l'exprimait pas ouvertement, gardait une réserve prudente face à la cacophonie familiale, mais devenait peu à peu une alliée. Particulièrement ce jour-là, dans le taxi qui roulait le long de la Seine. « Ça va marcher, je *sais* que ça va marcher », me répétait-elle en me serrant la main. Moi, je me récitais mentalement le texte des *Anges du péché* qu'elle m'avait aidée à apprendre et que je connaissais par cœur. J'étais hantée par la peur d'échouer et en même temps terrifiée par le monde inconnu qui s'ouvrirait devant moi, de l'autre côté de la porte des studios. J'avais la gorge serrée et le sentiment vertigineux que j'allais mourir, là, sur le trottoir, ou du moins m'évanouir.

— Vas-y, me dit maman dans un murmure.

Je paniquais.

— Reste avec moi, je ne veux pas y aller seule...

— Je te gênerais.

J'allais protester, elle m'en empêcha.

— Je t'attendrai en face, au café.

Elle m'embrassa très vite et traversa la rue. Devant le café, elle se retourna et esquissa un petit geste de la main. Un petit geste d'encouragement et d'amour. Elle s'était immobilisée et me regardait, attendant que je me décide à entrer dans l'immeuble. Je compris alors confusément le message que, confusément aussi, elle avait tenté de m'adresser: « C'est *ta* vie, c'est *ton* tour. » Pour la première fois depuis très longtemps, elle me faisait confiance. Je lui adressai à mon tour un petit geste de la main et franchis le porche de l'immeuble. Maman venait de me communiquer le début d'une force nouvelle que je ne me soupçonnais pas.

Pénétrer dans cet endroit immense appelé plateau, c'était se retrouver à la frontière de deux mondes très distincts. Il y avait celui, obscur, où je me tenais, et un autre, au fond, si intensément lumineux qu'il paraissait irréel. Un groupe de personnes s'y mouvait silencieusement autour de Robert Bresson, reconnaissable de loin à sa belle chevelure blanche. On m'avait annoncée, quelqu'un vint me chercher et m'introduisit auprès de lui, dans la lumière. Il posa ses mains sur mes épaules. Ses yeux, sa bouche, tout son être me souriait. Autour de nous, les conversations qui s'étaient d'abord interrompues reprenaient peu à peu, mais chuchotées. Lui me maintenait immobile par le seul pouvoir de son regard, le contact léger de ses mains. Il faisait très chaud et une voix ordonna:

— Soulagez les projecteurs!

— N'ayez pas peur, me dit Robert Bresson.

— Je n'ai pas peur.

Si incroyable que cela puisse paraître, c'était vrai. À partir du moment où j'avais quitté l'obscurité pour la lumière et qu'il était venu à ma rencontre, j'avais cessé d'avoir peur.

— Vous savez votre texte?

— Oui.

Il me désigna une chaise isolée sur un fond blanc, face à une quinzaine de personnes disséminées autour de la caméra que j'avais repérée en arrivant et qui me faisait penser à une volumineuse, très belle sculpture.

— Vous allez vous asseoir. Je crierai « moteur! », il y aura un clap, je vous dirai « Partez! »

34

et seulement alors vous direz votre texte. Exactement comme chez moi.

Il fit un signe, quelqu'un sortit de l'ombre.

— Aidez-la à s'installer. Lumière! On ne bouge plus!

Je n'étais même pas éblouie par l'intensité des projecteurs, même pas effrayée par tous ces regards qui se fixaient sur moi. J'avais conscience de vivre un moment exceptionnel et j'en savourais chaque minute car chaque minute était différente de la précédente. Seul l'instant présent comptait.

— Silence!

— Moteur!

— Annonce!

— Essais, Marie, première!

— Ça tourne!

— Partez!

— *Je ne sais pas de devinette, mais je sais une énigme. Vaut-il mieux avoir de la poussière sur ses meubles ou sur son âme?*

— *D'où vient cette question?*

— *Mère Saint-Jean estime qu'un peu de poussière sur un meuble choque Dieu.*

— *Et alors?*

— *Moi, je prétends qu'un peu de poussière sur une âme est pour lui une offense plus grande.*

Je distinguais, dans l'ombre, la haute silhouette de Robert Bresson, debout contre la caméra. De sa voix monotone qui m'était devenue familière, il me donnait la réplique, me corrigeait, me faisait recommencer sur un autre rythme. Mon isolement dans la lumière, la concentration et l'immobilité de tous étaient autant d'éléments inconnus auparavant mais qui, loin de m'effrayer, m'aidaient. Il me suffisait de l'écouter et de faire ce qu'il me demandait, sans chercher à comprendre. Je devais m'en remettre à lui; accepter de m'abandonner. Pour des raisons que je ne m'expliquerai jamais, cela me convenait parfaitement. Mieux, j'éprouvais beaucoup de plaisir à lui obéir. J'entendrai souvent, par la suite, que c'était un exercice éprouvant, voire révoltant, et que beaucoup en avaient souffert. Ce ne fut jamais mon cas.

— C'est bien, merci.

Il se retourna vers une silhouette massive derrière lui. Ils échangèrent quelques mots à voix basse et quelqu'un me demanda:

— Mademoiselle, pourriez-vous, s'il vous plaît, tourner la tête à gauche... À droite... Lentement... Encore plus lentement... Baissez-la, maintenant, et remontez en fixant ma main au-dessus de la caméra... Doucement...

J'exécutai cette étrange gymnastique. Au bout d'une minute, un homme un peu lourd, à la peau claire et aux cheveux blond-roux, sortit de l'ombre, s'approcha de moi et marmonna des ordres concernant la lumière. En réponse, on s'agita dans toutes les directions et Robert Bresson s'impatienta : « Un peu de silence ! » Cela ne semblait pas concerner l'homme qui était à mes côtés et qui promenait un curieux petit objet près de mon visage. « C'est une cellule », me dit-il gentiment. Son regard attentif et son sérieux me le rendirent aussitôt sympathique. En plus, il ressemblait à un ours : un ours polaire. J'amorçais un début de sourire et il me sourit en retour. « Je suis le directeur de la photo... Je m'appelle Ghislain Cloquet », me dit-il sur un ton bourru. Robert Bresson avait quitté son pliant et s'était avancé à la lisière de la zone éclairée. Il paraissait exaspéré.

— C'est bientôt fini ? Vous prenez trop de temps !

— Je travaille, monsieur.

Celui dont je n'avais pas retenu le nom, l'ours polaire, lui tourna le dos et leva les yeux au ciel en haussant les épaules. Sa réponse et son attitude désinvolte provoquèrent quelques débuts de rires dans la partie la plus obscure du plateau. Rires vite réprimés quand Robert Bresson se déplaça, furieux, pour comprendre d'où ils provenaient. « On se dépêche », dit-il à la cantonade, avant de regagner sa place. Je voyais distinctement les doigts de sa main pianoter nerveusement sur son pantalon. « Et l'on se tait ! » ajouta-t-il en haussant le ton. Il me sembla qu'une tension soudaine s'était installée et avait gagné toutes les personnes présentes. Sauf l'ours polaire qui tournait toujours autour de ma chaise en brandissant sa cellule. Il sifflotait entre ses dents le début d'une chanson d'Adamo alors très en vogue, *Tombe la neige*. C'était si incongru, que je faillis éclater de rire.

Le beau visage tourmenté de maman quand je la retrouvai recroquevillée sur la banquette du café où elle m'attendait... Ce n'était plus une femme de quarante-huit ans, mais une gamine de mon âge qui rêvait d'un ailleurs, d'une autre vie : elle était comme un reflet dans le miroir, si semblable à moi ou moi à elle. L'espace de deux à trois secondes, j'eus la certitude que nous partagions enfin quelque chose d'essentiel.

De retour à la maison, mon excitation et mon euphorie ne tardèrent pas à se dissiper. Après le monde magique que j'avais entrevu, la banalité adolescente de ma chambre, son désordre, les cahiers et livres de classe sur le bureau me ramenèrent très vite à la réalité. Je me sentais telle Cendrillon après le bal et il me fallait dire adieu à la fête.

Maman me regardait me décomposer au fil des heures avec une immense pitié. « Nous ne saurons rien avant demain... Mais ça va marcher... Pense que ça va marcher... », répétait-elle avec de moins en moins de conviction.

On avait déposé le scénario du film à François Mauriac et nous savions que la lecture qu'il en ferait serait déterminante. N'était-il pas celui qui allait décider de mon sort? Cela effrayait davantage ma mère que le résultat de mes essais. Pour d'obscures raisons, elle croyait que son père — mon grand-père — ne m'autoriserait pas à participer

39

au tournage : accorde-t-on une telle liberté à une si jeune fille ? Et elle m'avouait sa détresse : « S'il te l'interdisait, je serais lâche, je n'oserais pas lui tenir tête... Alors qu'il s'agit de toi, mon enfant, mon propre enfant. » Elle était au bord des larmes et c'était à moi de lui venir en aide : « Mais non, maman, mais non... Il ne peut pas me l'interdire... Pas lui. »

Car pour d'aussi mystérieuses raisons, j'étais persuadée de l'inverse : mon grand-père, comme toujours, se révélerait un allié. Le problème, ce n'était pas lui mais ces fichus essais, tournés dans une trompeuse euphorie et qui seraient forcément catastrophiques. On m'y découvrirait telle que je me voyais maintenant : nulle et moche.

Le téléphone sonna tard dans la soirée, alors que je venais de me coucher et que maman faisait sa toilette. « Va répondre », me cria-t-elle de la salle de bains. Je dévalais l'escalier intérieur, mon chien Sary sur les talons.

Sans même s'excuser, Robert Bresson se lança aussitôt dans un discours haché, incohérent, incompréhensible. Je ne lui connaissais ni cette voix ni ce débit et j'eus l'impression d'un homme devenu subitement fou. « Je suis désespéré, répétait-il sans arrêt, je ne pourrai pas faire mon film sans vous. » Revenaient encore les noms de mon grand-père et de mon oncle, Claude Mauriac, à qui il avait remis aussi son scénario et qui s'était montré, disait-il, « froid » et « distant ». Cet homme que j'avais vu si maître de lui avait des sanglots dans la voix et semblait au bord de l'étouffement. Mais plus extravagant encore, il me suppliait de l'aider tout en ajoutant: « C'est absurde... Vous ne pouvez pas m'aider! »

Son discours, enfin, se précisa: Robert Bresson prétendait que Claude Mauriac le « méprisait » et, qu'influencé par lui, François Mauriac me refuserait la permission de tourner dans son film. « Et sans vous, je ne ferai pas *Au hasard Balthazar*! » J'essayai de lui dire qu'il se trompait mais il ne me laissa pas parler. Et quand, longtemps après, il mit un terme à cet appel téléphonique insensé, il avait réussi à me convaincre: Claude et François Mauriac, ma mère, bref toute ma famille, s'étaient ligués contre lui pour l'empêcher de faire son film. J'étais en état de choc, anéantie.

Si anéantie que je ne songeais plus aux essais tournés en début d'après-midi et dont il devait visionner les résultats, le lendemain. Il ne m'en avait d'ailleurs pas soufflé mot.

Aujourd'hui encore, je m'interroge à propos de son comportement, ce soir-là. Son désespoir était-il sincère et, si oui, jusqu'à quel point? Et pourquoi me le manifester aussi brutalement, sans se soucier du choc émotionnel que cela pouvait occasionner? Était-ce une nouvelle façon de tester mes réactions ? De mesurer l'étendue de son pouvoir sur moi ? Car enfin, son appel téléphonique me laissa bien plus désemparée qu'il ne l'était lui-même... Vers la fin du tournage, je revins sur cet épisode et il eut ce seul commentaire : « Je craignais que votre famille ne vous autorise pas à faire mon film, j'étais désespéré, il n'y avait pas de raison pour que vous ne le fussiez pas aussi. »

Mon grand-père, le lendemain, me convoqua dans son bureau.

Comme il en avait l'habitude, il était étendu sur le divan, le scénario d'*Au hasard Balthazar* à portée de main. Il me laissa m'installer près de lui, à même le sol, déchiffrant sur mon visage les traces d'une nuit d'insomnie et les sentiments contradictoires qui me traversaient : le désir, la peur, la confiance. Il s'amusa quelques secondes à prolonger le silence puis, sur un ton malicieux : « Alors, comme ça, tu veux faire du cinéma... » C'était gagné ! Plus tard, il me dira : « Tout ton être me suppliait... Tu étais poignante... Je crois que si je n'avais pas déjà pris ma décision, tu me l'aurais arrachée ! »

Puis il me parla avec admiration du scénario qu'il jugeait stupéfiant de singularité et d'audace. Avait-on déjà vu un film entièrement construit à partir de l'histoire d'un âne et d'une jeune fille ? Les chemins de Balthazar et de Marie se croisaient

43

et se recroisaient jusqu'à la mort de l'un et la déchéance de l'autre. Autour d'eux s'articulaient d'autres histoires et d'autres personnages qui incarnaient à des degrés divers le mal, dont le chef des blousons noirs, séducteur et corrupteur de la jeune fille. Ces différents thèmes lui semblaient très proches de ceux d'un de ses romanciers préférés, Dostoïevski. Mais il s'inquiétait.

— Ce scénario admirable demeure néanmoins d'une noirceur et d'un pessimisme absolus. Orgueil, cruauté, bêtise, sensualité, humiliation et violence sont partout présents. C'est toujours le mal qui l'emporte ! C'est presque un monde sans Dieu... Cela ne te fait pas peur d'incarner un jeune être aussi malmené par la vie ?

— Non, non.

Je l'écoutais à peine tant j'étais occupée à savourer la seule chose qui comptât pour moi : avoir obtenu la permission de faire le film. Mon grand-père alors changea de sujet et déclara que je ne devrais sous aucun prétexte manquer la rentrée des classes de septembre. J'acceptai avec enthousiasme et lui promis dans la foulée que je réussirais mon baccalauréat.

— Ne t'avance pas si loin.

J'avais posé ma joue sur sa main blanche et sèche et, de l'autre, il me caressait le visage : « Comme ma petite-fille a la peau douce », murmurait-il. Souvent il avait eu ce geste lors de la maladie de mon père et durant les mois qui

44

avaient suivi sa mort. Il en usait pour me consoler, pour me rendre un peu de cet amour à jamais perdu. Puis ce geste avait disparu. Pour réapparaître, le 25 juin 1965, alors qu'il venait de m'accorder la permission de tenter une incroyable aventure, un film.

— C'est une lourde responsabilité que de te laisser aller sur cette route inconnue. Il y aura des conséquences et j'ignore lesquelles... Forcément... Une fois la porte de la cage ouverte, l'oiseau s'envole... Mais où? Qu'aurait fait ton père?

Il marqua une pause afin de mieux se concentrer. Six étages plus bas, les élèves de l'école communale de la rue La Fontaine envahissaient en hurlant leur cour de récréation. Bruits de toujours, si familiers, si rassurants.

— Ton père ne connaissait pas le monde du cinéma... Comme moi, il aurait peur. Mais comme moi, il penserait qu'on n'a pas le droit de te priver d'une expérience aussi passionnante. Te refuser cette opportunité serait odieux... Malgré tous ces risques que j'ignore mais que je devine.

— Je l'aurai, mon bac, je vous le jure!

Je m'étais redressée brutalement, mettant ainsi un terme à ce moment d'intimité. Il me contempla comme on observe un enfant un peu obtus pour qui l'on éprouve tout de même beaucoup d'affection.

— Il ne s'agit pas de ton bac.

Et comme je ne comprenais pas:

— Tu vas faire ce film, bon. Et après ? C'est ça qui m'inquiète et me passionne en même temps... Après...

Il eut un petit rire gourmand.

— Tu sais pourquoi je t'accorde cette permission ? Eh bien, sache que j'aimerais être à ta place. Je t'envie, figure-toi ! On ne m'a jamais proposé de jouer dans un film, moi !

Et il partit dans un long rire qui déclencha aussitôt le mien. Après l'éprouvante tension des dernières heures, ce rire commun scella définitivement notre alliance. Mais une crainte oubliée remonta à la surface et mon rire s'arrêta net.

— Les essais... Il n'a pas encore vu les essais...

Ma détresse accentua la gaieté de mon grand-père.

— Il te veut, son choix est déjà fait. Tu penses bien que si ce n'était pas le cas, il n'aurait pas osé me déranger. Il ne m'aurait pas envoyé son scénario et supplié de le lire en toute urgence ! Alors, les essais...

Je reprenais espoir.

— Comment ça ?

— Quoi « comment ça ? », qu'est-ce que tu veux que je te dise ?

Puis, sur le ton de la confidence et le regard pétillant de malice :

— Ton Bresson me paraît être... Un drôle de zigoto !

46

Et en me désignant la porte de façon à me signifier que l'entretien était terminé:

— Ne l'oublie jamais. Et lis un peu plus attentivement le scénario: cette malheureuse à qui tu vas prêter tes traits, ce n'est pas Jeanne d'Arc, pas Jeanne d'Arc du tout!

Mon grand-père, comme souvent, avait vu juste. J'avais lu le scénario, bien sûr, mais j'étais demeurée assez indifférente à cette histoire, à la dimension très dramatique du personnage que j'allais incarner. S'il avait insisté, s'il m'avait demandé ce que j'en pensais, je crois que je lui aurais répondu de bonne foi: « Rien. » Mes seules préoccupations à ce moment-là étaient de plaire à Robert Bresson et de faire son film.

Et Florence?

Depuis des semaines, Florence se tenait en retrait, attendant que je l'appelle, que je lui raconte. Pas une seconde elle n'avait douté de l'issue heureuse de la rencontre qu'elle avait provoquée et à propos de laquelle elle demeurait très modeste. Quand je lui annonçai que Robert Bresson m'avait officiellement engagée pour son film, elle voulut me voir : « Maintenant, je vais te raconter comment je suis devenue Jeanne, le tournage du *Procès*. Rendez-vous, demain, à la sortie de Sainte-Marie. Je te dirai tout. — Tout ? » Je tentai d'en savoir un peu plus mais elle demeura intraitable. « Demain. » « Toujours ce goût du mystère », commenta maman avec agacement : elle ne parvenait pas à comprendre la personnalité de Florence et, de ce fait, s'en méfiait.

Florence m'attendait sur le trottoir à l'heure dite, belle et juvénile. Je lui présentai mes deux meilleures amies qu'elle séduisit aussitôt. « Je

48

vous l'enlève », leur dit-elle en me prenant par la taille et en m'entraînant en direction du Trocadéro.

Dans le café, elle commanda deux bières.

— L'été arrive, c'est ce qu'on peut boire de meilleur au milieu de l'après-midi. Tu as parlé avec Robert, aujourd'hui? Non? Il se manifestera sûrement d'ici ce soir! Comprends bien qu'il ne va plus te lâcher jusqu'au film et pendant le film et après! Robert est un tyran, mais un tyran fascinant. Tu devras toujours lui obéir, apprendre la docilité, le don de soi. De toutes les façons, tu n'auras pas le choix: il fera en sorte que tu aies le minimum de contacts avec le reste de l'équipe. Il sera jaloux, possessif, car il sera amoureux de toi comme il l'a été, je crois, de moi et je pense aussi de Marika.

— Marika?

— Marika Green, l'interprète de *Pickpocket*. Tu as vu le film?

— Non.

— Il t'emmènera sûrement le voir, comme il l'a fait avec moi. Robert adore montrer ses films.

D'emblée, Florence avait opté pour un tout autre ton, un autre vocabulaire. Ce n'était plus *il* mais Robert. Robert par-ci, Robert par-là, on aurait cru qu'elle se délectait de pouvoir enfin le nommer par son prénom, d'affirmer par ce biais l'intimité de leur relation. Elle en oubliait son sens de la mesure, son goût du secret. Elle me

49

racontait les semaines passées auprès de lui; sa complexité d'être humain et d'artiste. Elle se disait fière de « me passer le relais », de « m'affranchir ». « Tu seras heureuse, si heureuse », répétait-elle régulièrement alors qu'elle venait de me narrer par le menu un épisode qui, sur le moment, l'avait fait souffrir. Et devant mon air soudainement effrayé : « Mais moi, à l'inverse de toi, je ne savais rien de lui, de sa façon de travailler... » Son regard se détachait parfois du mien et elle se taisait, égarée dans ses souvenirs.

La fin de l'après-midi approchait, c'était l'heure pour moi de rentrer à la maison retrouver ma famille et pour Florence de rejoindre sa vie d'adulte, au Quartier latin. Nous fîmes en silence les quelques mètres qui séparaient le café du métro Trocadéro. Florence était redevenue calme et souriante. Elle me prit dans ses bras et me tint serrée contre elle un peu plus longuement que d'habitude. « Tu ne répéteras jamais ce que je viens de te confier ? Promets ! » Je promis et me détachai d'elle. « Et tu me raconteras tout ? Promets ! » Je promis à nouveau et l'abandonnai sur le trottoir avec la sensation qu'elle était devenue tout à coup triste, très triste. Avait-elle compris avant moi que je ne lui dirais rien de ma future aventure ? Que je n'avais désormais plus besoin d'elle ? Que son rôle était terminé ? Elle n'était pas mon aînée pour rien, Florence.

Le comportement de mon entourage à mon égard changea. J'étais devenue « celle qui allait faire du cinéma ». Certains se réjouissaient, simplement, sans arrière-pensée. D'autres glissaient au détour d'une conversation des propos désobligeants sur ma gaucherie, mon ignorance, la banalité de mon visage. Ces phrases assassines auraient empoisonné n'importe quelle jeune fille : c'est un âge où l'on ne sait encore rien de soi, où l'on doute, où l'on se cherche. Il me venait alors l'envie de renoncer au film, de m'enfuir très loin et de me faire oublier de tous.

Mais il y avait Robert Bresson. Dès que je le retrouvais, la peur s'estompait. Il me parlait avec infiniment de délicatesse, me considérait comme un être précieux doté de qualités que lui seul percevait. Parce que soudain j'existais pour quelqu'un, je me sentais pour la première fois *exister* et c'était au sens premier du mot bouleversant. C'est peu dire qu'il sut m'apprivoiser. Il tissa, jour après jour, un lien subtil qui me retenait attachée à lui. Nous passions du temps ensemble, nous avions de longues conversations au téléphone. Il m'interrogeait à propos de tout, s'irritait des heures loin de lui en compagnie d'amis de mon âge. « Que leur trouvez-vous ? » Et sans me laisser le temps de répondre : « Je suis sûr qu'ils ne vous valent pas ! » J'essayais de lui expliquer : Thierry avait été le grand amour de mes onze-douze ans, Antoine était mon complice, celui qui m'invitait au théâtre et avec qui j'avais de grandes discussions littéraires, Jules... « Peu importe, ces garçons. » D'un geste de la main, il balayait à l'avance tout ce que j'aurais pu encore en dire.

Mais que j'en fréquente d'autres, plus âgés, l'inquiétait davantage. Je lui avais parlé d'un couple, Marie-Françoise et Bruno, qui comptait beaucoup pour moi. Je les avais rencontrés après la mort de mon père. Lui était journaliste à *France-Soir,* elle élevait leur petit garçon. Ils avaient vingt-cinq ans et possédaient le charme des êtres libres, curieux de tout, pressés de vivre. Grâce à eux, j'avais découvert les cafés et les cinémas du Quartier latin, les bars de Saint-Germain-des-Prés, un monde à l'opposé de celui de ma famille. Ce dernier point déplut particulièrement à Robert Bresson. « Ce genre de fréquentations s'avère souvent dangereux pour une jeune fille, votre mère devrait le savoir et vous interdire de les voir », dit-il. Je protestai : ma mère les aimait beaucoup,

52

Marie-Françoise veillait sur moi comme une grande sœur et me renvoyait à la maison dès que certaines soirées menaçaient de devenir... Ou bien elle me tançait vertement quand... D'ailleurs elle regrettait que je sois encore... Et attendait avec impatience le moment où enfin je ne serais plus... Je bafouillai, m'embrouillai et tâchai de faire marche arrière : je venais de m'aventurer dans des zones de mon existence que je ne comprenais pas mais qui contribuaient à mon mal-être. Un mal-être trouble qui augmentait et qui me gâchait parfois cette sensation euphorique d'exister *enfin*. Heureusement, sans doute lassé par mes confidences, Robert Bresson mit un doigt sur mes lèvres pour m'intimer le silence et de sa voix la plus câline : « Ne me parlez plus jamais de ces gens qui me semblent bien ordinaires... Votre naïveté les pare de qualités qu'ils n'ont sûrement pas... » Puis sur un ton très sec : « Ils sont trop vieux pour vous. Ne les revoyez pas. »

Ce jour-là, le ciel était gris et bas, la chaleur accablante. L'orage qui menaçait depuis l'aube ne venait pas et l'on se serait cru au plus fort de l'été, dans les Landes.

Robert Bresson m'avait fixé rendez-vous devant l'Institut car il souhaitait chercher avec moi les vêtements que je porterais dans son film. J'étais impatiente de le retrouver et un peu oppressée par je ne savais trop quoi. Nous avions déjeuné chez mes grands-parents et, à peine le café avalé, je m'empressai de prendre congé. Mais mon grand-père me retint d'un geste.

— Tu tiens toujours ton journal, j'espère?

— Oui, pourquoi?

Ses yeux se plissaient de joie comme chaque fois que lui venait une pensée malicieuse.

— Parfait. Surtout, continue-le, régulièrement, tous les soirs avant de te coucher. Ce sera passionnant le journal d'un tournage. Et puis... si ce M. Bresson s'avise d'être désagréable, écrire ton journal c'est te fabriquer une arme formidable. Françoise Gilot qui fut l'épouse de Picasso vient de sortir un livre qui raconte leur vie. Tout le monde se l'arrache! Quelle vengeance! Quelle merveilleuse vengeance!

Il riait et les membres de la famille qui se trouvaient présents riaient aussi. Choquée par le cynisme de sa proposition, je me levai et quittai le salon sans un mot. Je devais être comique car, du vestibule, j'entendis les rires qui redoublaient. Et pendant un quart d'heure, je les détestai tous.

L'orage éclata alors que je me trouvais dans l'autobus qui devait me déposer près de l'Institut. Une pluie diluvienne l'accompagnait, noyant le paysage. On distinguait à peine la Seine, les quais. Les voitures klaxonnaient, bloquées les unes derrière les autres, ne respectant plus les feux. Le temps passait, l'autobus se frayait lentement un chemin dans l'embouteillage et je faillis rater l'arrêt.

En traversant le pont des Arts, j'avais le sentiment de me trouver au-dessus d'un fleuve en crue, en pleine tempête. Des vents contraires soufflaient bousculant les rares passants. Un parapluie arraché voltigeait, haut dans le ciel.

Il m'avait dit qu'il m'attendrait devant la galerie Katia Granoff où il n'y avait personne. J'étais trempée des pieds à la tête et désormais complètement seule. L'orage redoubla de violence tandis que je zigzaguais entre les quelques voitures garées devant l'Institut, sursautant à chaque coup de tonnerre, ne sachant ce qu'il convenait de faire, où me réfugier. Soudain une portière s'entrouvrit et je reconnus sa voix.

— Entrez, entrez vite.

Je me précipitai à ses côtés. J'avais du mal à m'exprimer tant j'étais à la fois heureuse de l'avoir retrouvé et confuse de me présenter ainsi devant lui, si dégoulinante que j'avais aussitôt inondé le siège avant et le sol sous mes pieds. Lui avait refermé la portière et se plaignait, très contrarié.

— Je pensais que vous ne viendriez plus.

J'éternuais, son regard sur moi changea.

— Mais vous allez prendre froid, être malade... Je ne me pardonnerai jamais de ne pas être venu vous chercher.

Je tremblais de tous mes membres. Il retira sa veste et me la tendit.

— Enlevez votre corsage et mettez ce vêtement. Vous ne pouvez pas vous permettre de tomber malade. Pensez à mon film.

Enlever mon corsage! Me déshabiller devant lui! Mais c'était tout simplement impossible! Il insista pour me faire entendre raison : je ne devais pas être aussi absurdement pudique, je devais lui obéir. Devant mon refus, il eut un geste autoritaire pour déboutonner le haut de mon corsage. Je me jetai contre la portière, prête à m'enfuir

56

malgré la pluie, l'orage. J'étais soudain affolée, complètement dépassée par la situation.

— N'ayez pas peur... Je ne vous toucherai plus, promis.

Il me contemplait maintenant avec un air attendri. Puis il me parla doucement, comme on le fait avec un enfant que l'on cherche à rassurer ou à consoler. Il employait des mots et des compliments comme je n'en avais encore jamais entendu. J'étais « émouvante », « pure », « rare ». « Ne changez jamais » était la phrase qu'il répétait le plus. Bercée par ses paroles, je me sentais envahie par une étrange et agréable mollesse. L'orage s'était éloigné, il ne pleuvait presque plus. Dehors la vie reprenait. Il désigna mon corsage et d'une voix redevenue normale :

— Il est à vous ?

J'acquiesçai : c'était un vêtement de la marque Cacharel, en tissu Liberty et à col rond comme beaucoup de filles en portaient cette année-là.

— Prenez-en grand soin, vous le mettrez dans mon film. Votre jupe bleu marine aussi, d'ailleurs. Ce sera parfait pour la scène chez le marchand de grains... Maintenant, sortons nous occuper de vos autres vêtements. Nous allons à la Samaritaine.

Je lui fis remarquer que j'étais encore trempée.

— Cela vous va très bien, vous verrez.

L'heure passée avec lui au rayon femme de la Samaritaine fut un des moments les plus hilarants qu'il m'avait été donné de vivre jusque-là.

Les gens nous regardaient passer, ahuris. Notre couple, d'abord : lui, âgé, si élégant, et moi, très jeune, encore mouillée, les cheveux et les vêtements collés au corps. Puis ses exigences : il désirait une blouse de travail, un tablier, quelque chose de « rural », de « campagnard ». La vendeuse chargée de s'occuper de nous n'était pas d'accord et s'obstinait à nous montrer des robes d'été « à la mode ». Il refusait, tenace, courtois, totalement indifférent à ce qui ne correspondait pas à son idée. Tout à coup il s'immobilisa et me désigna une robe-tablier en tissu écossais. Sur sa demande, je passai dans la cabine d'essayage et revins me présenter à lui.

— Magnifique ! Merveilleux ! Formidable !

Soudain très excité, il me demanda de marcher, de m'éloigner, de revenir. J'avais entrevu mon reflet dans un miroir, la robe-tablier était affreuse, trop grande, et j'avais l'air déguisée. Mais peu importait. Ce qui comptait c'était le plaisir qu'il manifestait et dont j'étais la cause ; le comique de la situation. Plus la vendeuse s'interposait pour proposer un autre modèle, plus il s'extasiait sur celui que je portais, à voix haute, prenant d'autres clients à témoin. Je faisais de bonne grâce tous les allers et retours qu'il désirait, au bord du fou rire. Un début d'attroupement commença dont il ne se rendit pas compte, tout à son enthousiasme. La situation atteignit son point culminant quand la chef de rayon appelée en renfort intervint.

— Votre petite-fille mérite bien mieux, monsieur ! Vous ne voyez pas que vous l'enlaidissez ? Je me permets de vous proposer...

En plus, elle le prenait pour mon grand-père ! Le comprit-il ? Je ne le pense pas. Mais il la fixa d'une telle façon que la chef de rayon préféra ne pas insister et disparut aussi vite qu'elle était venue. « Ces femmes sont stupides », marmonnat-il. Peu après, il me choisit un gros pull d'homme en laine mélangée, trois fois trop grand pour moi, et me demanda à nouveau de déambuler devant lui tandis qu'il s'extasiait et applaudissait de joie : « Magnifique ! Merveilleux ! Formidable ! » Notre vendeuse se taisait, définitivement découragée par notre étrange, voire scandaleux comportement. Ah, comme je m'amusais !

Le lendemain matin aussi.

À l'époque, j'avais les cheveux courts comme toutes les femmes et les filles de ma famille où, pour des raisons demeurées à jamais obscures, il était fortement déconseillé d'avoir les cheveux longs. Mes cousines aînées qui avaient passé outre ce diktat furent très critiquées. Moi-même, j'avais osé une tentative vite réprimée. Mais ce qui se faisait dans ma famille ne convenait pas à Robert Bresson. Il me trouvait trop « citadine » et pas assez « campagnarde », comme il me l'expliqua brièvement au téléphone.

— Alexandre trouvera sûrement une solution.

— Alexandre ? Le célèbre coiffeur Alexandre ?

— Bien entendu. De qui voulez-vous qu'il s'agisse ? Retrouvons-nous à midi au pied de son immeuble, rue du Faubourg-Saint-Honoré.

Et avec un brin d'impatience :

— Tachez d'être exacte.

Je raccrochai au comble de la joie. Alexandre ! J'étais passionnée par le cinéma, je lisais *Paris Match, Jours de France* et, plus ou moins en cachette, *Cinémonde* et *Cinérevue*. J'aimais dans un même élan les films, les actrices et les acteurs. Je suivais via la presse, la radio et la télévision la vie artistique et sentimentale des vedettes. J'en épiais certaines, j'en attendais d'autres à la sortie des théâtres ou devant leur domicile pour leur faire signer mon carnet d'autographes. Mon oncle Claude Mauriac, critique au *Figaro littéraire*, me racontait ses festivals de Cannes et de Venise, m'offrait des programmes et des photos Ma culture cinématographique était une culture de midinette et, forte de ce savoir-là, je n'ignorais pas que les coiffeurs des plus grandes vedettes étaient Alexandre et les sœurs Carita. Et j'allais rencontrer Alexandre !

Je pénétrai dans le fameux salon de coiffure bien plus intimidée et plus curieuse que je ne l'avais été lors de ma première visite chez Robert Bresson. Je soupçonnais toutes les clientes d'être des vedettes et tentais avidement de les identifier, en regardant à droite, à gauche, en ralentissant le pas. En vain. Comment les reconnaître, qui sous le casque, qui la tête hérissée de rouleaux ou de bigoudis ? « Qu'est-ce que vous avez à traîner comme ça ? » s'irritait Robert Bresson.

On me fit asseoir devant une grande glace et le célèbre Alexandre arriva, chaleureux, très attentif. Lui et Robert Bresson paraissaient se connaître depuis longtemps et une discussion aussitôt s'engagea, ponctuée de « Mon cher ami ». Alexandre me tripotait la tête, proposait des solutions. Très vite, ils furent d'accord : je porterais une fausse queue-de-cheval, un postiche, très facile à fixer. Il décida de me raccourcir les cheveux et de procéder ensuite à un essai.

Une première jeune fille vint me chercher pour me laver la tête et je traversai différents salons sans apercevoir, hélas, la moindre vedette. Après un rapide shampooing, je retournai devant la grande glace. Alexandre en quelques coups de ciseaux me fit une ravissante coupe. Il mit de côté une mèche « pour la teinte, pour obtenir exactement le même roux », précisa-t-il. Une deuxième jeune fille vint me sécher et une troisième apporta des postiches. Alexandre en choisit un qu'il fixa à l'aide d'un peigne incorporé et de quelques barrettes.

— C'est enfantin. Essayez vous-même, cher ami.

Robert Bresson s'y employa et y parvint presque aussitôt.

— Enfantin ! approuva-t-il avec enthousiasme.

— Vous verrez qu'avec la bonne couleur, tout le monde croira qu'elle a les cheveux longs ! Et pour son maquillage, qu'avez-vous prévu ?

— *Son maquillage*? Mais vous savez bien que je n'en utilise jamais ! Je la veux telle que vous la voyez, la peau nue !

— J'avais oublié que vous ne faites rien comme les autres.

Les deux hommes poursuivirent leur assaut d'amabilités en évoquant des personnes dont les noms m'étaient inconnus. Je les écoutais, enchantée d'être là, satisfaite de l'image nouvelle que me renvoyait la grande glace et consciente qu'une métamorphose venait de s'amorcer. Pas une seule fois, ils ne s'étaient souciés d'avoir mon avis mais cela ne m'affectait en rien. En quelques semaines, j'avais compris que Robert Bresson savait bien mieux que moi ce qui me convenait. C'était tellement rassurant de côtoyer quelqu'un qui semblait savoir qui j'étais.

Oui, en compagnie de Robert Bresson, pendant les semaines qui précédèrent le tournage du film, je m'amusais. Souvent il me déconcertait, parfois il m'effrayait, toujours il me surprenait. Je ne le comprenais pas tout le temps mais je l'écoutais, disponible, séduite. Quand il me faisait rire, j'ignorais si c'était à son insu ou parce qu'il l'avait voulu. Et avec lui, je riais souvent.

Un après-midi, il désira me montrer son dernier film, le *Procès de Jeanne d'Arc*. C'était une séance publique, dans un cinéma des Champs-Élysées. La salle était presque pleine, nous étions installés au milieu. Dès que les lumières s'éteignirent, il prit ma main et se mit à commenter à mi-voix certaines séquences de son film. Il m'expliquait pourquoi elles étaient particulièrement réussies, m'invitait à les admirer et ajoutait au passage quelques anecdotes. Régulièrement, il s'extasiait à propos de Jeanne qu'il appelait « l'adorable,

l'admirable jeune fille » et de Florence qui l'interprétait: « Si merveilleuse, si juste, si vraie. » Sa
main serrait plus fort la mienne, je le sentais très
ému et je l'étais aussi. Cette leçon de cinéma, à
moi seule destinée, finit par irriter nos plus
proches voisins. Des voix s'élevèrent ici et là pour
réclamer le silence. Les entendait-il? Avait-il
conscience de la présence de ces spectateurs ano-
nymes qui ne faisaient rien d'autre que de
défendre un film qu'ils aimaient? Je ne le pense
pas. Nous étions isolés dans une bulle où rien ni
personne ne devait nous atteindre. Pour lui, les
autres n'existaient tout simplement pas.

Parfois son attention se détachait des images
projetées et se portait sur moi. Me regardait-il
regarder son film? À quoi pouvait-il penser? Je
continuais de fixer l'écran, feignant de l'ignorer.
Mais soudain sa main lâcha la mienne pour caresser très doucement mon poignet, mon avant-bras.
J'étais troublée, je me raidissais, incapable de
bouger et même de comprendre ce que j'éprouvais. Son visage se rapprocha du mien et sa
bouche effleura ma joue. « Vous aussi, vous serez
merveilleuse... », chuchota-t-il. Puis il reprit sa
position initiale et son monologue sur les mérites
de son film et la beauté de Florence. Comme s'il
ne s'était rien passé. Et si j'avais rêvé? Heureusement un soudain et furieux: « Mais enfin, monsieur, pour le bien-être de tout le monde taisez-
vous! » suivi d'un tout aussi agressif: « Ou alors,

64

allez-vous-en ! » et l'air scandalisé de Robert Bresson quand il comprit que c'était à lui qu'on s'adressait me firent éclater de rire. Il se retourna en direction des deux spectateurs que l'obscurité de la salle dissimulait et d'une voix haute et claire : « C'est insensé ! » Puis à moi mais dans un tendre murmure : « N'est-ce pas ? » Et sans attendre ma réponse, il reprit ma main. J'avais déjà oublié ce qui avait eu lieu et serrai aussitôt la sienne en signe de totale solidarité. Pendant ce temps, Florence-Jeanne d'Arc sanglotait : *Je veux bien mourir. Mais je ne veux pas qu'on me brûle. Mon corps n'a pas été corrompu. Il ne faut pas le détruire, il ne faut pas le mettre en cendres.* Sans quitter des yeux l'écran où allait bientôt s'achever son film, il me dit soudain : « Tenez-vous prête en bas de chez vous, demain, à 14 heures. Mon assistant viendra vous prendre et vous conduira à Guyancourt, là où nous tournerons. Je veux refaire des essais avec tous mes interprètes, mais en extérieur, en lumière naturelle. »

À l'heure dite, le lendemain, un jeune homme m'attendait dans une voiture en bas de mon immeuble. Trois autres se serraient à l'arrière. Je m'installai à l'avant et le conducteur fit les présentations : il était le premier assistant à la mise en scène, j'étais Marie, l'héroïne, et les autres, les mauvais garçons, les blousons noirs, comme on disait à l'époque. Le plus âgé interpréterait Gérard, leur chef, le séducteur, « l'esprit du mal », comme le définissait Robert Bresson. Nous avions tous les quatre signé nos contrats, les essais concernaient des questions techniques et aucun de nous n'avait motif de s'inquiéter. Juste un peu de nervosité, peut-être, due à l'excitation, à la nouveauté.

Dans la voiture qui filait sur l'autoroute de l'Ouest en direction de Versailles, l'ambiance était joyeuse, à l'image de ce lumineux après-midi d'été. Nous fumions des cigarettes à la chaîne en posant des questions sur ce qui nous attendait et sur le cinéma en général. Le premier assistant y répondait de bonne grâce. Il nous parlait de ses études à l'IDHEC, de ses récentes expériences et des derniers préparatifs de ce qu'il appelait avec gourmandise « notre film ». Il évoqua rapidement la productrice, Mag Bodard, son directeur de production, les autres interprètes et quelques techniciens. Il s'attarda sur le directeur de la photographie Ghislain Cloquet dont les rapports avec Robert Bresson ne semblaient pas faciles. Il admirait le talent des deux hommes, il espérait qu'ils finiraient par s'entendre. « Il le faut, il le faut absolument. Le film que nous allons faire est d'une importance capitale. » Et devant notre absence de réaction : « Bresson est un génie ! »

Le futur Gérard, qui affichait depuis le début un sourire ironique, ne se laissa pas impressionner.

— Comment dois-je l'appeler ton génie ? Monsieur ? Maître ?

— Monsieur, je pense.

Le premier assistant semblait embarrassé. Il se tourna vers moi.

— Et vous, comment l'appelez-vous ?

Depuis peu, Robert Bresson avait exigé que je l'appelle par son prénom et bien que très flattée — je devenais en quelque sorte l'égale de Florence —, j'avais encore du mal à m'y résoudre. Surtout en présence de témoins. Néanmoins, je leur dis ce qu'il en était. Le premier assistant devint songeur. À l'arrière, les garçons eurent quelques gloussements que je ne compris pas. Mais peu importait. Je me trouvais en compagnie de quatre beaux jeunes hommes d'une vingtaine d'années et qui ressemblaient à ce qu'on appelait alors des beatniks. Comme c'était intéressant!

Intéressante aussi l'effervescence qui régnait aux alentours de la maison où aurait lieu le tournage. On y accédait par une ancienne cour pavée momentanément transformée en parking, on passait sous une arche recouverte de glycine et l'on débouchait aux abords d'un parc. Beaucoup de monde était assemblé à l'arrière de la maison, autour de la caméra et de Robert Bresson. Celui-ci, dès qu'on lui annonça notre arrivée, vint à notre rencontre, l'air contrarié.

— Vous en avez mis du temps! Vous vous êtes égarés?

— Non, monsieur, balbutia le premier assistant.

Robert Bresson échangea une rapide poignée de main avec les trois futurs mauvais garçons et, toujours à son assistant:

— J'espère qu'ils savent leur texte. Faites-les répéter pendant que je m'entretiens avec Anne.

Dans sa façon de prononcer mon prénom passait à nouveau toute la douceur du monde. Il me prit par le bras et m'entraîna à l'écart des autres, dans une allée bordée de grands arbres.

68

— Pendant le tournage, je vous veux tous les jours avec moi, même quand vous ne tournez pas. Vous avez compris? Vous voulez bien? Vous me le promettez?

Sa voix câline, l'insistance de son regard et la pression de sa main sur mon bras agissaient avec leur pouvoir habituel. Je disais oui à tout tandis qu'il m'expliquait plus en détail ce que serait bientôt notre vie commune.

— Vous et moi habiterons cette maison avec le couple de propriétaires. Nous prendrons tous nos repas avec eux. Pour l'équipe, ce sera ailleurs. Vous ne le savez pas, mais c'est assommant de partager le déjeuner avec tant de gens... Très fatigant aussi et j'aurai besoin de rester concentré... Nous tournerons dans le parc, dans l'écurie et dans les environs de ce village pendant un mois et demi. Après, ce seront les vrais extérieurs dans les Pyrénées.

La pression de sa main sur mon bras s'accentua soudain.

— C'est lui, murmura-t-il d'une voix émue.

Dans la prairie, attaché à l'ombre d'un marronnier, un grand âne brun foncé nous contemplait. Il avait d'immenses yeux noirs délicatement entourés de poils très clairs, une jolie tête fine qui se terminait par un museau très blanc. Il frémit quand nous nous approchâmes de lui.

— C'est un âne du Poitou, expliqua Robert Bresson. Je l'ai choisi pour sa photogénie.

Il appela :

— Balthazar, mon petit, viens ! Balthazar, sois gentil !

Mais l'âne se détourna aussitôt avec un air à la fois soupçonneux et offensé.

— Balthazar ! appela encore Robert Besson.

Et parce que l'âne se déplaçait sous l'arbre de façon à nous tourner le dos et à nous présenter sa croupe :

— Il ne m'écoute pas ! Il ne fait pas attention à moi !

Près de la maison, en bordure du parc, il y avait un banc sur lequel nous devions nous asseoir les uns après les autres pour dire notre texte, toujours le même, celui des *Anges du péché.* Je fus la première et, dès le signal de Robert Bresson, j'attaquai ce dialogue que je connaissais par cœur.

— *Je ne sais pas de devinette, mais je sais une énigme. Vaut-il mieux avoir de la poussière sur ses meubles ou sur son âme ?*

On refit trois prises puis il y eut quelques plans muets dirigés, cette fois, par Ghislain Cloquet, l'ours polaire des premiers essais, souriant, affable, presque familier. « Pour la lumière », me précisa-t-il. Et en promenant sur mon visage ce qu'il m'avait appris être une cellule : « Vous la prenez très bien. Vraiment très bien. — Quoi ? — La lumière. » Ce bref échange irrita Robert Bresson.

— Vous traînez, vous traînez...

— Mais non, monsieur.

Quelques minutes après, le premier assistant m'annonça que c'était terminé et qu'on pouvait me raccompagner à Paris, si je le souhaitais. Terminé? Déjà? J'aurais volontiers passé la journée sur ce banc! Je m'y sentais miraculeusement à l'aise, forte de l'attention de tous et en excellente position pour observer les différents membres de l'équipe et leur travail qui me semblait encore bien mystérieux. Mais Robert Bresson apostropha son assistant avec une autorité glacée.

— De quel droit prenez-vous cette initiative? Je vous ai demandé quelque chose? Anne rentrera avec moi, en fin de journée. En attendant, elle suivra le tournage près de moi. Qu'on lui apporte un pliant!

Et il en fut comme il en avait décidé. J'assistai assise sagement à ses côtés aux essais des différents interprètes du film, avec toujours la même scène, les mêmes mots. C'était fascinant d'entendre des hommes, jeunes ou plus âgés, réciter le texte d'Anne-Marie avec en face d'eux, sérieux et concentré, Robert Bresson dans le rôle de sœur Dominique. Quand ce fut au tour de l'écrivain Pierre Klossowski, la situation atteignit un tel degré d'étrangeté que je ne pus me retenir de pouffer.

— Coupez! ordonna Robert Bresson.

Il se pencha vers moi et, à la fois amusé et complice :

— Soyez gentille et tenez-vous tranquille. C'est beaucoup plus compliqué pour lui que ça l'a été pour vous. Promis?

Je murmurai oui, rouge de honte.

— Silence!

— Moteur!

— Ça tourne!

— Annonce!

— *Balthazar*, essais marchand de grains, deuxième!

— Action!

— *Je ne sais pas de devinette, mais je sais une énigme. Vaut-il mieux avoir de la poussière sur ses meubles ou sur son âme?*

Le contraste entre le physique de Pierre Klossowski, son phrasé un peu maniéré, sa voix rocailleuse, sa façon de se tenir de guingois sur le banc et ce dialogue que je connaissais par cœur, c'était trop: malgré tous mes efforts, j'explosais de rire.

— Coupez!

Robert Bresson, gentiment d'abord puis plus sèchement, me pria de cesser «ces enfantillages». Mais rien n'y faisait: tête baissée, une main devant ma bouche et les épaules secouées de rire, je ne parvenais pas à m'arrêter. Autour de nous régnait un silence impressionnant et une tension générale s'était installée dont j'étais parfaitement consciente. Personne ne bougeait.

— Mais vous avez quel âge, à la fin?

Je commençais à retrouver un début de respiration normale, à me calmer, et cette phrase pourtant anodine me fit repartir dans un nouveau fou rire. Quelques rires isolés, cette fois, y firent écho suivis par d'autres encore. Devant cette hilarité maintenant générale, Robert Bresson me força à me relever et sur un ton très maître d'école :

— Allez reprendre vos esprits dans le parc. Mais revenez vite, je ne veux pas que vous traîniez trop longtemps loin de moi.

Et à Pierre Klossowski qui attendait toujours sur le banc :

— Vous, redressez-vous ! Qu'est-ce que c'est que cette façon de vous tenir tordu comme un cep de vigne ? Est-ce que je me tiens comme ça, moi ? Moteur !

— Vous voulez du feu, jeune fille ?

Mes mains tremblaient tellement que je ne parvenais plus à allumer ma cigarette. Ghislain Cloquet qui m'avait suivie dans une des allées du parc actionna son briquet et me regarda en silence fumer, les yeux pétillant de malice contenue, d'indulgence. Il se dégageait de cet homme rond, un peu lourd, quelque chose de si bienveillant, de si ouvertement protecteur, que je sus, à cet instant et de façon certaine, qu'il serait mon ami.

— Puisque monsieur votre mentor semble occupé pour un bon moment avec M. Klossowski et que mes lumières sont réglées, je vais en profiter pour vous présenter à quelques membres de

73

l'équipe. C'est par là que l'on commence en général. Enfin, sur les autres films...

Et c'est ainsi que je fis discrètement connaissance avec le cameraman Jean Chiabaut, l'assistant opérateur Emmanuel Machuel, la scripte Geneviève Cortier et deux autres assistants à la mise en scène. Tous m'accueillirent avec chaleur. « Aucun d'entre nous n'a encore travaillé avec monsieur Bresson. Vous voyez, nous en sommes au même point », me dirent-ils gentiment. Dans la prairie, sous le marronnier, l'âne Balthazar ne parut pas s'intéresser une seconde à cette agitation humaine. Cette indifférence obstinée ne semblait pas de bon augure à Ghislain Cloquet: « Celui-là va nous donner du souci, beaucoup de souci... »

Le soleil commençait à décliner quand nous reprîmes la route de Paris. J'étais seule avec Robert Bresson qui paraissait satisfait et de bonne humeur. Il m'apprit qu'*Au hasard Balthazar* était la devise des comtes des Baux-de-Provence qui prétendaient descendre du Roi mage Balthazar. Est-ce que je le savais? Non, pas du tout. Je l'écoutais mais j'étais encore en pensée dans le parc de Guyancourt, avec l'équipe du film dont il me semblait faire maintenant presque partie. Je revoyais chaque visage, je me répétais les noms

74

et les mots nouveaux: des mots techniques qui m'enchantaient.

— Qu'est-ce que vous dites? Articulez!

Je venais sans même m'en rendre compte de parler pour moi, à voix basse.

— Je disais, c'est une journée merveilleuse, tellement merveilleuse!

— C'est vous qui êtes merveilleuse...

Il venait de se garer en double file, au bas de mon immeuble. Il faisait presque nuit, les réverbères n'éclairaient pas encore la petite rue où nous habitions ma mère, mon frère et moi. Je devinais plus que je ne le voyais son visage s'approcher lentement du mien. Ses lèvres effleurèrent ma joue puis se rapprochèrent de ma bouche et je l'évitai en ouvrant précipitamment la portière. Il démarra aussitôt me laissant sur le trottoir le cœur battant, en proie à un soudain et profond désordre intérieur. Depuis quelque temps, c'était souvent ainsi que nous nous quittions et cela augmentait à chaque fois mon malaise. Un malaise confus sur lequel je ne savais pas mettre de nom et dont je ne pouvais parler à personne. Cela avait à voir avec la peur, la honte, l'attirance et le désir. Mais le désir de quoi?

— Quand je pense que tu vas faire du cinéma !
Cela faisait plus d'un mois que je lui racontais
Robert Bresson, les essais, les préparatifs du film,
et mon amie Marie-Françoise n'arrivait pas
encore complètement à me croire. Pour elle, je
n'étais guère éloignée de l'adolescente timide et
pataude qu'elle et son mari avaient rencontrée
deux ans auparavant, qui s'était attachée à eux
et qu'ils avaient en quelque sorte adoptée.
« Dépêche-toi de grandir, de nous rejoindre ! »
avaient-ils maintenant coutume de me dire sans
que je comprenne ce qu'ils entendaient par là.

Marie-Françoise bouclait ses valises et s'apprêtait à partir en Bretagne avec son fils âgé de cinq
ans. Les grandes vacances d'été commençaient,
elle ne reviendrait pas à Paris avant le début du
mois de septembre. Bruno, son mari, la rejoindrait fin juillet. L'année passée, j'avais été triste
d'être séparée d'elle, d'eux, durant une aussi
longue période. Cette année, c'était différent. Je

n'étais pas triste mais désemparée. Il me semblait que j'avais plus qu'à l'ordinaire besoin de la présence de Marie-Françoise, de ses conseils. Elle avait vingt-cinq ans, une vraie vie de femme, des opinions sur tout, qu'elle exprimait avec une brutale franchise.

Elle allait et venait dans leur appartement du quai Voltaire, une gitane coincée au coin de la bouche, volubile et rieuse. Ses gestes étaient rapides, précis. Je la contemplais en silence, avachie sur le canapé du salon.

— Tu n'as pas l'air dans ton assiette.

Son regard sur moi devint soucieux.

— À propos d'assiette...

Elle disparut en direction de la cuisine et revint avec un plateau.

— Je nous ai préparé un petit pique-nique.

Elle disposa sur la table basse quelques sandwichs et nous servit deux verres de vin blanc. Elle m'en tendit un avec autorité.

— Qu'est-ce qui ne va pas? Ne me dis pas que tu regrettes d'avoir accepté de faire ce film!

— Oh, non!

— Alors, quoi? Tu es mal dans ta peau?

Avec sa franchise habituelle, Marie-Françoise était allée droit au but. Je me sentais rougir, je devinais ses pensées et je n'avais pas envie qu'elle les exprime. Mais elle se contenta de savourer en silence son vin blanc. Une guêpe bourdonnait près de sa tête. Dans la pièce voisine, un transistor diffusait une chanson de Billie Holiday. Par les fenêtres demeurées ouvertes montait, très assourdie, la rumeur des voitures, quai Voltaire. Nous mangeâmes en évoquant ses vacances et nos dernières lectures. Mais soudain elle changea de ton.

— Tu viens d'avoir dix-huit ans, il te faut un garçon, un homme, bref, un amant. Après tu te sentiras bien mieux.

Elle me souriait avec une amitié de sœur aînée. Et comme je ne répondais rien, me contentant de fumer nerveusement ma cigarette :

— Si tu crois que Bruno et moi n'avons pas remarqué dans quel drôle d'état tu es. Un rien te trouble si ce rien vient d'un homme. Un geste, un regard. Tu es à la merci de n'importe qui, de n'importe quoi. Tu veux que je sois encore plus précise ? L'autre soir, quand nous étions ici avec des amis et que nous avions tous trop bu et que tu t'es endormie dans notre lit ! Tu avais terriblement envie de coucher avec Bruno, tu t'es quasiment offerte à lui ! L'envie était réciproque d'ailleurs, Bruno me l'a avoué. Seulement voilà, tu es notre amie, ta mère nous fait confiance et, en plus, tu es mineure ! « Caramba, encore raté ! » comme dirait le perroquet dans *L'Oreille cassée*.

L'évocation de cette soirée par Marie-Françoise aurait dû me faire pleurer de honte. Son souvenir m'avait poursuivie de façon à la fois agréable et désagréable mais il demeurait si vague que je me demandais si je n'avais pas rêvé ce moment où

Bruno et moi, seuls dans la chambre conjugale, avions failli...

— Ne fais pas cette tête, tout ça est si normal !

Marie-Françoise m'avait rejointe sur le divan. Elle riait et m'invitait à rire avec elle, de moi, de nous, de la vie en général. J'aimais son équilibre, sa générosité et la simplicité avec laquelle elle affrontait toute chose.

— Oui, dis-je, « Caramba, encore raté ! ».

Mes amies de Sainte-Marie, ainsi que Thierry et Jules, tous partirent en vacances. Leurs premières cartes postales m'assuraient de leur affection et réclamaient que je leur donne des nouvelles de « mon film ». Restait Antoine, celui avec qui j'étais le plus complice à cette époque. Il ne me connaissait aucun flirt, il savait que je n'avais jamais encore été amoureuse et que j'admirais, de loin, des hommes plus âgés que nous, des écrivains ou des journalistes. Comme souvent, il me taquinait : « Tu n'aimes que les vieux... Avec Bresson, tu es servie ! Quel âge a-t-il, au fait ? Au moins celui de ton grand-père, non ? » Je protestais : « Ne parle pas de lui comme ça ! » Nous traînions, désœuvrés et contents d'être ensemble, boulevard Saint-Germain. Il faisait très beau, les terrasses des cafés étaient remplies de jeunes et jolies étrangères dénudées sur lesquelles Antoine se retournait. Comme moi, il venait d'avoir dix-huit ans et une même question nous taraudait : qu'allions-nous

80

faire de nos vies ? Nous aurions été très surpris, alors, si on nous avait annoncé que nous nous retrouverions trente ans après, que j'écrirais des livres et qu'il serait mon éditeur...

Malgré les protestations de Robert Bresson qui désirait me garder près de lui à Paris, maman avait exigé que je passe une semaine de vacances avec elle, à l'île de Ré. Elle estimait que j'avais besoin de repos avant le début du tournage, le 20 juillet. Depuis deux mois, elle était devenue si compréhensive et si affectueuse que je débordais de reconnaissance à son égard.

La veille de notre départ, elle m'entraîna dans différentes boutiques et m'offrit des chaussures, un ravissant sac en bandoulière en cuir, des vêtements. « Pour ton tournage », disait-elle avec gourmandise. Nous étions grisées par nos achats et désireuses de prolonger cette délicieuse journée. Nous avions un goût commun, *Angélique, marquise des anges,* et voir le deuxième film des aventures d'Angélique, depuis peu à l'affiche, s'imposait. En sortant du cinéma, je me demandais ce que Robert Bresson penserait de ce choix. Après le *Procès de Jeanne d'Arc,* il avait tenu à me montrer *Un condamné à mort s'est échappé* et *Pickpocket.* Des films très éloignés de ceux que j'avais coutume d'aimer mais qui m'avaient plu. Il devait justement passer en fin de journée à la maison pour me dire au revoir et fixer avec maman les derniers

81

détails concernant mon futur séjour dans la maison de Guyancourt, près de Versailles.

Maman s'entretint un moment avec lui puis s'enferma dans sa chambre pour préparer sa valise. Il me rejoignit sur le canapé et me contempla si fixement que cela finit par me mettre mal à l'aise.

— Je suis allée au cinéma voir *Merveilleuse Angélique,* dis-je.

— Ah, bon? Et qu'est-ce que c'est donc? Racontez-moi...

Il semblait sincèrement intéressé et il m'écouta lui narrer les aventures d'Angélique en ponctuant chacune de mes phrases d'un: « Mais c'est formidable! » Un court instant ses doigts effleurèrent les miens, puis il prit ma main et toujours sans prononcer une parole, il y déposa un baiser. Mais maman revenait dans le salon, mon frère rentrait d'on ne sait où, l'heure du dîner et des adieux approchait.

— Prenez bien soin d'elle, dit-il à maman, sur le pas de la porte.

— Comme si c'était votre fille, ajouta mon frère en imitant son léger zézaiement.

Il parut ne pas entendre cette plaisanterie, me prit dans ses bras brièvement et murmura à mon oreille: « Je suis si malheureux de vous quitter... Vous aussi, j'espère. » L'ascenseur arrivait et alors qu'il allait partir, il appela à nouveau maman.

— N'oubliez pas mes recommandations : pour les besoins de mon film, Anne ne doit pas bronzer... Donc, pas de soleil, pas de bains de mer, pas de plage !

— Pas de plage du tout ?

— Pas de plage du tout.

Et il repartit, tout à coup guilleret et de bonne humeur.

J'étais catastrophée et ma mère déçue pour moi. Mon frère, lui, avait son sourire malin.

— Il a dit ça uniquement pour t'embêter, pour se venger parce que tu t'en vas. Tu n'auras qu'à mettre un chapeau de soleil. Qui le lui dira ? T'es bête, ma sœur, tu ne comprends rien !

Le bac s'éloignait de l'île de Ré et je distinguais encore la silhouette de maman et celle de mon chien Sary qu'elle tenait en laisse. J'agitais les bras, j'envoyais des baisers mais elle demeurait droite, immobile, comme pétrifiée. Avant que nous nous séparions, j'avais perçu une réelle détresse dans ses grands yeux noirs ; dans son sourire forcé. Durant le trajet en voiture, nous n'avions échangé que très peu de mots, aussi émues l'une que l'autre. Maintenant, à mesure que le bac se rapprochait de La Rochelle, j'oubliais maman et la semaine auprès d'elle : c'était déjà du passé, cela ne comptait plus. Une nouvelle existence m'attendait, dont j'ignorais tout, mais qui allait modifier profondément le cours de ma vie, je le savais, je le voulais. Autour de moi, des vacanciers insouciants parlaient plages, météo, sorties en mer. En les regardant, en écoutant leurs propos, j'avais maintenant l'impression d'appartenir à un autre monde. Dans mon sac, il y avait une carte de Robert Bresson datée du 10 juillet: «Je vous attends. Je suis sûr que tout ira merveilleusement bien. À jeudi.» Plus tard, je comprendrais que j'avais, ce jour-là, commencé à tourner définitivement le dos à mon enfance.

Robert Bresson était installé à Guyancourt depuis vingt-quatre heures et me faisait les honneurs de la maison. Nos deux chambres se trouvaient à l'étage; pour me rendre dans la mienne, je devais traverser la sienne; nous partagerions la même salle de bains. Il s'inquiétait, manifestait quelques scrupules: ne serais-je pas gênée par cette promiscuité? Si étrange que cela puisse paraître, je ne l'étais pas. Vraiment? Il insistait: j'étais une jeune fille délicate, très pudique... Afin de le tranquilliser, je lui fis remarquer que ma chambre avait une deuxième porte ouvrant sur un escalier en bois qui donnait directement accès au parc: j'étais donc libre d'aller et venir à ma guise. Mais il s'en offusqua: « Cette porte restera fermée à clef, voyons! Imaginez que quelqu'un s'introduise de nuit chez vous! » Je n'imaginais rien, toute à la joie de découvrir que Robert Bresson avait apporté avec lui deux chatons, des siamois, qui se poursuivaient comme des fous dans notre salle de bains. « Le frère et la sœur... Une amie me les a offerts il y a une semaine et je n'ai pas pu me résoudre à m'en séparer... » Il en prit un, le couvrit de baisers, me le déposa sur l'épaule et s'aplatit sur le carrelage pour tenter de récupérer l'autre qui avait filé sous la baignoire. « Minette, Minette... » Il réussit à l'attraper et se releva triomphant : « C'est la fille ! C'est aussi la plus dégourdie, la plus coquine ! » Il la sermonna, la caressa, l'embrassa. La petite chatte ronronnait, frottait sa tête contre le visage de son maître illuminé de bonheur. Pour la première fois, je voyais Robert Bresson s'amuser, pour la première fois, je l'entendais rire aux éclats.

Durant le dîner, je fis connaissance avec nos hôtes, Josie et Charly. Ils se disaient ravis de louer leur maison à une équipe de film, flattés de nous avoir en pension et décidés à tout faire pour rendre notre séjour le plus agréable possible. Le repas était excellent, leurs attentions et leur bonne humeur très sympathiques. Je les écoutais sans rien dire, amusée de découvrir Robert Bresson si à l'aise dans cette ambiance que je jugeais un peu provinciale et désuète.

Le repas terminé, il m'invita à faire avec lui le tour du parc. Le jour baissait, des oiseaux s'agitaient dans les arbres, une odeur d'herbe fraîchement coupée flottait dans l'air qui me rappelait la propriété familiale près de Paris, où mes grands-parents séjournaient et où maman plus tard les rejoindrait.

Il m'avait prise par le bras comme il en avait désormais l'habitude et évoquait la semaine à venir : je ne tournerais pas le premier jour, ni les suivants mais il me voulait présente sur le plateau, à ses côtés. De cette façon, je me familiariserais en douceur avec sa façon de travailler, avec l'équipe. Ce dernier mot, il l'avait prononcé comme à regret.

Parfois il s'interrompait pour me demander d'écouter le chant d'un oiseau dont il m'apprenait le nom, la cloche de l'église voisine, des rires et des chants d'enfants, dans le lointain. Il me faisait aussi admirer un arbre, le tracé d'un parterre de fleurs. Puis il me conduisit dans la parcelle du parc réservée au tournage et que son chef décorateur s'appliquait à rendre à l'état sauvage. Nous marchions lentement, de long en large dans les allées. L'obscurité était venue tandis que, dans la maison, on allumait les lampes du rez-de-chaussée. Sa conversation chuchotée me berçait et je me sentais comme abandonnée à son bras. J'eus soudain un frisson et il s'en émut. « Vous avez froid ! » Il enleva le chandail en cachemire qu'il portait sur ses épaules, le noua autour de mon cou et m'attira contre lui. Je me remis à frissonner. « Soyez gentille avec moi. » Sa bouche chercha la mienne. Cela me fut insupportable et je le repoussai. Il me relâcha et me contempla d'un air désolé, comme si je lui causais une peine immense. Nous regagnâmes la maison en silence.

Un silence lourd, douloureux, dont je me sentais responsable et qui me donnait maintenant envie de m'excuser, de lui demander pardon.

— Montez vous coucher la première. Je vais rester un moment dans le parc pour fumer une cigarette. Je vous laisse la salle de bains, vous pourrez y faire votre toilette. Mais veillez à ce que mes chats ne s'échappent pas, surtout. Pensez à refermer la porte. Demain, le petit déjeuner sera servi à sept heures trente, soyez ponctuelle.

Et il me tourna le dos pour disparaître dans la nuit. Il venait de me parler avec cette politesse glacée qui caractérisait ses rapports avec les autres et qu'il n'avait jusque-là jamais utilisée avec moi. Je gagnai ma chambre, à la fois blessée et coupable, très tourmentée. Bien incapable encore d'imaginer que j'éprouvais sans doute exactement ce qu'il souhaitait que j'éprouve. Quand il revint, plus d'une demi-heure après, il semblait, lui, se porter à merveille. De mon lit, je l'écoutais aller et venir entre sa chambre et la salle de bains, ouvrir et fermer les robinets, jouer avec ses deux chatons. « Minou ! Minette ! Ah les petits coquins, les petits diables ! » Moi, j'avais le sentiment effrayant d'avoir gâché notre amitié et compromis, dès le premier soir, le tournage du film qui débutait le lendemain matin.

Cette situation se répéta le lendemain soir et une partie de la semaine.

Le dîner en compagnie de nos hôtes achevé, il m'entraînait à sa suite dans les allées sombres du parc, m'étourdissait de récits divers et passionnants brusquement entrecoupés de tendres compliments. Au début, il se contentait de me tenir le bras, de caresser mes mains ou d'effleurer mon front, une joue. Puis soudain il s'arrêtait et me contemplait avec un tel amour que j'en tremblais intérieurement. J'existais enfin pour quelqu'un, pour un homme que j'admirais chaque jour davantage. Mais survenait cet instant désagréable où il tentait de m'embrasser. Je crois sincèrement que j'aurais préféré l'accepter, lui donner ce qu'il souhaitait et qui n'impliquait, sans doute, rien d'autre que ce baiser. Mais le contact de ses lèvres me répugnait aussitôt et je me détournais. Il n'insistait pas et me fixait avec un air si malheureux que je me sentais immédiatement coupable. Coupable de n'avoir pas su éviter cette scène et de lui faire encore une fois de la peine. Le mot « allumeuse » me trottait dans la tête.

Nous regagnions la maison en silence. Il semblait accablé et je l'étais aussi. Nos hôtes nous invitaient à nous joindre à eux pour regarder la télévision. Je n'en avais aucune envie mais lui, à voix basse, me suppliait : « Ne me laissez pas... Soyez gentille... » Je cédais, nous nous installions dans deux fauteuils très proches, au fond du salon. Son regard se posait souvent sur moi. Quand je le croisais, j'y lisais une telle attention à mon égard qu'à nouveau j'étais troublée. Il en profitait pour prendre ma main, pour la serrer dans la sienne. « Vous êtes un ange », murmurait-il.

Pendant ce temps nos hôtes commentaient en plaisantant une émission de variétés, un film américain doublé en français et j'entendais, stupéfaite, Robert Bresson leur répondre dans une surenchère de drôlerie et d'esprit critique, avec un naturel confondant et sans une seconde me lâcher la main. Son sourire malicieux et complice semblait alors me dire : « Vous voyez, il y a *eux* et il y a *nous*. » J'étais fascinée par sa capacité à se dédoubler, à tromper tout le monde.

À commencer par moi. Je ne parvenais plus à faire le lien entre Robert Bresson metteur en scène que je voyais travailler le jour et l'homme beaucoup plus ambigu du soir. L'un comme l'autre avait le pouvoir de m'entraîner où il voulait, quand il voulait. Enfin, presque. Pour l'instant, je parvenais encore à maintenir entre lui et moi une certaine distance. Mais l'inquiétude était là et commençait à assombrir les journées, les merveilleuses journées de tournage. Je me sentais perdre pied, il me fallait réagir et vite. C'est ainsi que je pris ma décision

Mes journées passées sur le tournage d'*Au hasard Balthazar* comptent, encore aujourd'hui, parmi les plus heureuses de ma vie. Tout de suite je m'y suis sentie à ma place, chez moi, avec le sentiment exaltant d'avoir rencontré ma vraie famille, celle qui me permettrait enfin de m'épanouir, de devenir l'être rare que Robert Bresson croyait avoir discerné en moi.

J'étais la plupart du temps sagement assise à ses côtés, passionnée par sa façon de diriger ses interprètes et ses techniciens. Il semblait savoir toujours ce qu'il voulait et toujours il l'obtenait. Parfois, c'était au bout de plusieurs heures et malgré l'exaspération ou le désarroi de certains. Mais il n'abandonnait jamais. J'admirais son autorité, la précision avec laquelle il s'exprimait et cette élégance qui le faisait ressembler à un « chevalier du Moyen Âge », comme me le dirait quarante ans après Jany Holt. Au travail, il était beau Robert Bresson, très beau.

Il maintenait en permanence une distance polie avec les autres, tous les autres. Avec moi, il était affectueux, attentif, patient, toujours disponible. Et c'est ainsi qu'il me fit en douceur glisser du rôle d'observatrice à celui d'interprète. Quelques plans anodins et muets, d'abord : de brefs passages, des entrées et des sorties de champ. Puis des amorces de scène. Les séquences de jeu importantes étaient prévues pour plus tard, à mi-parcours du film. Hasard du plan de travail ? Tactique finement élaborée ? Je ne me posais jamais ce genre de question. Il m'indiquait quelque chose, un geste, un regard, une intonation et je m'appliquais à faire ce qu'il demandait, toujours avec plaisir, toujours avec facilité. Lui obéir allait de soi puisque *lui seul savait*. Cela me donnait un sentiment de totale sécurité et me rendait encore plus souple.

Je me suis mise à aimer profondément, à aimer d'amour, le quotidien d'une vie de tournage, cet instant entre le « Moteur ! » et le « Coupez ! » quand toutes les respirations sont suspendues et que seuls comptent des gestes à faire, des mots à dire. J'aimais cette tension, le rassemblement de tous les membres de l'équipe pendant une poignée de secondes, parfois plus ; le relâchement ensuite, l'effervescence, et à nouveau cette extraordinaire mobilisation de tous. J'aimais autant être devant la caméra que derrière où j'apprenais, petit à petit et grâce à la gentillesse de chacun, comment se fabrique un film. On s'était vite habitué à ma présence et à ma curiosité; on m'avait adoptée. Ghislain Cloquet était tel que j'avais pressenti qu'il serait, amical et très protecteur. Dès le premier jour, il m'avait expliqué que je lui rappelais sa fille Ève, qu'elle lui manquait beaucoup, et qu'il éprouvait pour moi des sentiments paternels. Il était le seul à percevoir la nervosité qui me gagnait en fin de journée, quand l'équipe rentrait à Paris et que je demeurais avec Robert Bresson. Cette cohabitation permanente ne lui plaisait guère, il avait commencé à me le dire mais j'avais fait semblant de ne pas entendre.

Parmi les hommes entre vingt et vingt-cinq ans qui occupaient des postes divers, il y en avait un qui m'avait plu d'emblée et qui s'amusait à me faire la cour. Il s'y prenait discrètement de peur de déplaire à Robert Bresson mais de façon suffisamment explicite pour que je ne puisse l'ignorer. Ce jeu si nouveau de la séduction m'attirait, ajoutait un charme de plus à ces merveilleuses journées. J'y avais répondu sans en connaître les règles, en improvisant au fur et à mesure.

Cela avait débuté par de minuscules cadeaux qu'il glissait, le matin en arrivant, dans mon sac ou dans ma chambre. Lors d'un après-midi pluvieux et alors que nous tournions loin de la maison, il m'avait prêté sa veste, une grande veste en velours côtelé marron, que désormais je ne quittais plus. « Garde-la, cela me fait plaisir que tu portes un vêtement de moi », avait-il chuchoté à mon oreille. Accepter sa proposition, c'était devenir sa complice et c'était délicieux. Les poches de la veste en velours se transformèrent alors en boîte aux lettres et des petits mots tendres s'ajoutèrent aux cadeaux. Nous échangions des sourires, des regards, nos mains se frôlaient. Parfois il parvenait à me retrouver durant les rares instants où j'étais seule. S'ensuivaient de furtives étreintes, toujours entre deux portes, derrière un bosquet ou un mur. Mais on l'appelait sur le plateau ou Robert Bresson me réclamait ou tout simplement quelqu'un se rapprochait et nous nous séparions. J'étais enfin amoureuse, j'avais même ce qu'on appelle un flirt, c'était bien mais pas suffisant. Il me fallait désormais un homme, un amant, ce serait lui.

Cette décision prise, je devais m'organiser, « monter un plan », comme disent les enfants. L'envie d'agir me rendait impatiente. Nous étions mercredi ? Eh bien, ce serait pour la fin de la semaine ! Par instinct, je devinais ce qu'il convenait de faire et dans quel ordre : lui, maman, Robert Bresson. Va pour lui.

Le lendemain matin, je l'attirai à l'écart pour lui annoncer que je souhaitais le suivre à Paris vendredi après le tournage, passer ma soirée avec lui, dîner, aller au cinéma, tout ce qu'il voulait ; ensuite je regagnerais mon appartement pour le reste du week-end. Il s'affola : Robert Bresson ne

96

m'autoriserait jamais à quitter Guyancourt, mon projet était dangereux, principalement pour lui, je ne devais plus y songer. Mais je tins bon. Je ferais semblant de retrouver mes amis Bruno et Marie-Françoise, il me suffisait pour cela de téléphoner à maman et de l'informer de mon désir. Elle m'accorderait facilement la permission de me distraire, d'oublier un peu les « tracas du tournage ». Ainsi, Robert Bresson ne pourrait plus rien exiger de moi. Et pour achever de le convaincre, je me serrai contre lui et improvisai des gestes et des caresses avec une audace qui me surprit au moins autant que lui. Il me quitta très troublé.

Tout au long de la journée, il se montra distrait, maladroit et hésitant, se faisant à plusieurs reprises rappeler à l'ordre par Robert Bresson ou par la scripte. Son regard cherchait le mien, interrogateur et incrédule. Moi, je feignais de l'ignorer et de me soucier de tous sauf de lui. Et quand Robert Bresson s'impatienta à la suite d'une nouvelle erreur : « Qu'est-ce qu'il a cet idiot, aujourd'hui ? », je répétai en feignant d'être étonnée : « Oui, c'est vrai, qu'est-ce qu'il a cet idiot, aujourd'hui ? » Pour lui demander ensuite devant tout le monde et avec une touchante compassion : « Tu ne te sens pas bien ? Tu es malade ? Tu veux que j'aille te chercher de l'aspirine ? » Son embarras, alors... Ce nouveau jeu était peut-être plus amusant que tous les autres réunis !

De l'île de Ré, maman me donna son accord: j'avais bien mérité de me changer les idées et de retrouver, à défaut de ma famille, mes amis. Aussitôt après, elle m'annonça que mon chien Sary avait disparu depuis plus de quarante-huit heures et que, malgré les nombreuses recherches effectuées dans toute l'île et des appels lancés à la population, on était sans nouvelles de lui. « Il reviendra », lui assurai-je avec légèreté. Maman s'étonna de mon optimisme et de mon refus d'envisager la perte peut-être définitive de mon chien adoré. « Je ne te reconnais pas! » dit-elle avant de raccrocher.

— Il n'en est pas question.

Ces quelques mots, le ton ferme de sa voix et la façon avec laquelle il engagea aussitôt la plus anodine des conversations avec notre hôtesse, signifiaient que je n'irais pas à Paris et que le sujet était clos. Mais je revins à la charge avec une ténacité qui le déconcerta très vite tant elle tranchait avec mon habituelle docilité. Nos hôtes, Josie et Charly, crurent bon de s'en mêler

— Ce n'est plus un bébé, elle a bien le droit de s'amuser un peu avec des jeunes de son âge! commença Charly.

« S'amuser un peu... des jeunes de son âge »? Que n'avait-il pas dit! Robert Bresson faillit s'étrangler avec un quartier d'orange, se reprit et, sur le ton de la dignité offensée:

— Anne m'a été confiée. Tant que sa mère sera absente, je dois veiller sur elle et sur ses fréquentations. Je m'y suis engagé auprès de sa famille, je tiens à respecter cet engagement.

Il se tourna vers moi et m'adressa son sourire le plus câlin.

— C'est pourquoi vous resterez ici, avec moi. D'ailleurs nous devons parler des scènes de la semaine prochaine qui seront difficiles, vous le savez. Avez-vous écouté le morceau de Debussy intitulé *Des pas sur la neige*? Je songe à...

— Maman est tout à fait d'accord pour que je passe le week-end à Paris, chez mes amis Marie-Françoise et Bruno. Elle estime que j'ai besoin de me distraire. Je lui ai téléphoné avant le dîner, tout est réglé, dis-je d'une traite.

— Je ne vous crois pas.

J'avais les yeux baissés, mais c'était comme si je le voyais: pâle de colère retenue, de fureur rentrée, avec l'envie, peut-être, de me gifler. À cet instant précis, j'eus peur de lui, de façon enfantine, désordonnée, comme j'avais peur jadis de mon père. Le regarder en face était devenu impossible, bientôt j'allais lui céder. Au bout de quelques secondes d'un silence oppressant, il rejeta brutalement sa serviette, se leva et quitta la salle à manger en claquant la porte. Nous l'entendîmes s'enfermer dans le bureau de Charly. Celui-ci se tapa le front avec son index, vexé de s'être lui aussi effrayé.

99

— Complètement zinzin, dit-il en se servant un verre de vin rouge. Va à Paris, ma petite. Amuse-toi, fais la fête, c'est de ton âge. Laisse-le un peu de côté, ton vieux metteur en scène!

Et en bombant le torse pour nous montrer sa virilité retrouvée :

— Il n'a pas le droit de t'enfermer comme il le fait! Tu n'es pas sa prisonnière, tout de même! Je vais lui dire ce que je pense, vous habitez tous les deux chez moi et...

Il s'interrompit en entendant des bruits de pas dans la pièce voisine. Les pas se dirigèrent ensuite vers le salon. La porte-fenêtre qui donnait sur le parc fut ouverte puis refermée : Robert Bresson quittait la maison. Nous nous regardâmes en silence sans comprendre le pourquoi de son départ ni ce qu'il convenait de faire.

— Et s'il était fâché pour de bon? dit enfin Josie.

— Fâché au point de ne plus habiter chez nous?

Charly, tout à coup, était vraiment inquiet. Il se tourna vers moi et sur un ton suppliant :

— Va voir ce qui se passe et ramène-le vite.

J'avais peur, bêtement peur, en m'engageant dans l'allée principale du parc. La nuit tombait, il faisait sombre et j'avais beau scruter l'obscurité, je ne distinguais pas la grande silhouette de Robert Bresson. Il y eut un bruissement dans l'herbe et un gros chat tigré inconnu vint se frotter à mes jambes, en ronronnant avec la force d'un feu de cheminée. Cette présence soudaine me réconforta un peu et je m'agenouillai dans l'allée pour mieux le caresser.

— Vous ne m'avez pas menti et malgré tout le respect que je lui dois, j'estime que votre mère est une irresponsable...

Le sable avait étouffé le bruit de ses pas et je ne l'avais pas entendu venir. Robert Bresson était à un mètre de moi et fumait nerveusement une cigarette. Je distinguais mal les traits de son visage mais il semblait anormalement agité, en proie à la colère et à quelque chose d'autre qui ressemblait à de l'indignation.

— Car enfin, vous permettre de sortir avec ce couple bien plus âgé que vous, c'est vous exposer à toutes les rencontres, à tous les dangers! J'ai essayé de le faire comprendre à votre mère qui est bien votre mère en ce sens qu'elle est une vraie mule, comme vous! Et vous savez ce qu'elle m'a dit? Ce qu'elle a osé me dire? Que je n'étais pas chargé de votre éducation et que j'aille me faire voir ailleurs!

« Me faire voir ailleurs »... Chère maman, j'étais sûre que c'étaient exactement ses paroles, je croyais même entendre sa voix. Robert Bresson avait dû la déranger, puis l'exaspérer, et elle avait mis fin à cette conversation avec une brutalité

101

dont je la savais capable. C'était tellement incongru de lui dire ça à lui, à cet homme si raffiné, si respecté de tous. J'avais cessé d'avoir peur, je commençais même à m'amuser. Il écrasa son mégot avec la pointe de sa chaussure et s'approcha de moi.

— Qu'est-ce que vous faites par terre avec cet animal? Vous jouez? Mais vous avez quel âge?

Il me tendit la main et m'aida à me relever. Il semblait partagé entre plusieurs sentiments contradictoires contre lesquels il luttait et contemplait fixement ce qui restait du mégot.

— Puisque vous et votre mère avez gagné et que je ne peux pas vous empêcher de rejoindre vos amis, je vous demande d'écourter votre séjour à Paris et de revenir samedi en fin d'après-midi plutôt que dimanche. Vous voulez bien?

Comment résister à sa voix à nouveau si câline? À son regard suppliant? Je dis oui tout de suite, soulagée de m'en tirer à si bon compte. Nous regagnâmes la maison réconciliés, en évoquant le morceau de musique, *Des pas sur la neige* de Debussy, auquel il songeait pour illustrer son film. J'avais remporté ma première bataille, restait la seconde. Et de penser au lendemain me fit tressaillir d'effroi. Et si j'allais commettre une erreur? Une terrible erreur? « Ce n'est pas le moment de flancher, Milou! »

Le vendredi en fin de journée, en route vers Paris, nous n'en menions pas large et nous étions l'un et l'autre sur le point de renoncer à ce projet jusque-là si excitant: passer la soirée ensemble. Mais nous n'étions pas capables de nous l'avouer et nous nous taisions, tendus, faussement attentifs à la circulation, à un bref orage d'été et à l'arc-en-ciel, ensuite, au-dessus de la voiture.

Durant la journée, Robert Bresson s'était montré de très mauvaise humeur, avec moi, avec lui, avec tous. Chaque scène avait été refaite un très grand nombre de fois, épuisant interprètes et techniciens. Ghislain Cloquet excédé s'était heurté à lui avec des phrases très dures, Robert Bresson avait répondu de même et il avait fallu l'intervention du directeur de production pour que le tournage reprenne.

J'observais à la dérobée le profil du garçon qui conduisait. Il était beau, il me plaisait, mais étais-je amoureuse de lui? Et lui, était-il amoureux de moi? Je le devinais hanté par la crainte de déplaire à Robert Bresson qu'il vénérait, je le savais, il me l'avait exprimé à maintes reprises. Cette admiration si proche de l'amour m'obligeait à me poser cette question: qui aimait-il le plus? Moi? Lui? La réponse allait de soi et je lui donnais raison. Robert Bresson était un homme extraordinaire, d'une séduction inouïe. Donc, ce beau garçon m'aimait bien, sans plus. La douleur que j'éprouvai alors m'amena à conclure que j'étais, moi, amoureuse. C'était la première fois, cela me procurait une sorte de vertige mais c'était passionnant. Je devais absolument persister dans mon désir de lui plaire, le convaincre de passer la nuit avec moi, devenir sa maîtresse et faire de lui mon amant. Je puisais dans les termes « maîtresse » et « amant » une force nouvelle qui me permit d'abandonner l'esprit chagrin dans lequel j'étais depuis le départ de Guyancourt.

Une heure après, nous déambulions enlacés dans les rues du Quartier latin. C'était l'été, il faisait chaud et nous nous sentions tout à coup en vacances, à l'image de ces touristes qui découvraient Paris et dont le plaisir était sensible, presque palpable.

Il me conduisit à la librairie Maspero dont je n'avais jamais entendu parler, et nous nous offrîmes des livres en gage d'amitié. Lui, *Un beau ténébreux* de Julien Gracq et le *Journal du voleur* de Jean Genet; moi, *Eugène Onéguine* de Pouchkine et *Un héros de notre temps* de Lermontov. Puis nous entrâmes dans un cinéma, le premier qui s'était présenté. On y projetait *Pour qui sonne le glas.* Entre deux très longs baisers, je retrouvais sur l'écran les beaux visages d'Ingrid Bergman et de Gary Cooper. Leur passion me confirmait dans la certitude que je vivais ma première histoire d'amour et que je devais m'y donner tout entière. Mon compagnon me tenait étroitement serrée contre lui, je respirais son odeur, je sentais son souffle, ses lèvres sur mon cou, sur ma peau, je pouvais toucher la sienne et cela m'étourdissait de plaisir.

Au cours du dîner qui suivit, le désir que nous éprouvions l'un pour l'autre s'exacerba. Tout semblait y contribuer: le charme désuet du restaurant, la rumeur du boulevard Saint-Germain, l'excitation joyeuse des convives, le vin. Nous mangions et buvions sans nous quitter des yeux, un rien était prétexte à s'effleurer, à s'embrasser. Et quand en sortant du restaurant je lui fis part de mon désir de rester auprès de lui, il m'étreignit et murmura, hésitant encore: « Tu veux vraiment? — Oui. — Personne n'en saura rien? — Personne. »

Mon corps, mystérieusement, sut comment se comporter, sans peur, sans honte, avec un naturel qui me surprit, comme si faire l'amour pour la première fois allait de soi contrairement à tout ce que j'avais entendu dire auparavant. Ensuite, il me sembla que je respirais comme jamais, de toutes les parcelles de ma peau, librement, enfin. Je m'étirais dans tous les sens, roulais dans le lit, ivre de plaisir et de fierté : *Je l'avais fait !* Lui à l'inverse m'accablait de reproches : « Tu aurais dû me dire que tu étais vierge ! » L'importance qu'il accordait à ce qui appartenait désormais au passé me faisait rire. Mais il persistait dans son indignation : « Tu t'es comportée de façon si délurée... Tu m'as dragué ! Comment aurais-je pu me douter que tu étais vierge ? » Je tentais de l'embrasser, il me repoussait. « D'ailleurs, je croyais que tu couchais avec Bresson ! Qu'est-ce qu'il dirait s'il apprenait ce qui s'est passé ? Et ta si bourgeoise famille ? En plus tu es mineure ! Tu as une idée de ce que je risque, moi ? — C'est toi qui es bourgeois, avec tes préoccupations idiotes. — Moi ? bourgeois ? » Cela acheva de le mettre hors de lui. Je me souvins alors de ses origines modestes : non, ce n'était pas un fils de bourgeois et c'est justement ce qui m'avait attirée. Je lui promis de ne jamais raconter cette nuit et il voulut bien à nouveau me prendre dans ses bras.

Nous nous étions endormis quand le jour se levait. J'avais sombré dans un sommeil profond, sans rêves, d'où je ne voulais plus sortir. Je l'entendais confusément me demander de me réveiller, de reprendre conscience. Je sentais plus précisément sa main secouer mon épaule. Enfin j'ouvris les yeux et je découvris une petite pièce sous les toits inondée de soleil, et lui debout à contre-jour, vêtu d'un peignoir en éponge. Nos vêtements de la veille étaient éparpillés sur le sol au milieu de disques, de livres et de journaux. Je réalisai alors que j'étais dans un lit et nue. Je remontai précipitamment le drap jusqu'au menton et seulement alors, me souvins de la soirée et de la nuit. Quelle histoire! Me voyant réveillée, il disparut et revint avec un plateau sur lequel il y avait deux bols de Nescafé, des biscottes et de la confiture. Il me tendit un bol.

— C'est fou ce que tu peux dormir! Tu sais l'heure qu'il est? Quand dois-tu rentrer à Guyancourt?

— Fin de journée.

— Je te déposerai à la gare et tu prendras un train pour Versailles. Il ne faut pas faire attendre Bresson.

Déjà Bresson... Je l'écoutai me rappeler ce qu'il m'avait dit au cours de la nuit, entre deux baisers, entre deux étreintes: nous avions eu une amourette mais c'était une aventure sans lendemain; nous avions été des amants, certes, mais nous allions être d'excellents camarades, dépositaires d'un secret que nous ne révélerions jamais. Je buvais mon café en silence, sensible à sa présence, à la douceur molle de sa voix, le corps engourdi

107

de fatigue, l'esprit encore vague. Des cris montaient de l'appartement voisin ou de la cage d'escalier. Quelque part une radio diffusait une chanson à la mode, qu'on entendait partout depuis le début de l'été. La petite pièce mansardée dans laquelle nous nous trouvions était sale et en désordre; le matelas posé à même le sol. Sur les murs, on avait punaisé des photos de films, des coupures de presse et d'autres photos encore, de lui et d'une fille blonde, aux cheveux courts, qui ressemblait aux jeunes garçons des livres de la collection « Signe de Piste ». Au fur et à mesure que je prenais conscience du lieu, une tristesse vague commençait à me gagner. Lui poursuivait son joyeux bavardage où il était question du génie de Robert Bresson, des rushes qu'une partie de l'équipe visionnait chaque soir et qui étaient, de l'avis de tous, magnifiques. Il évoquait le plan de travail de la semaine à venir et certaines séquences, difficiles à interpréter.

— Bresson fera en sorte que tu y parviennes, ne te fais pas de souci.

Je ne me faisais pas de souci, je ne pensais pas à la semaine prochaine, au tournage, à Robert Bresson. J'entendais la retransmission d'un match de football. Ce devait être dans l'appartement du dessous et l'on avait poussé le son au maximum. Et puis la rumeur de la ville, en bas, dans la rue. Et toujours des cris d'enfants, des voix de petites filles et de petits garçons. Nous étions au cœur de l'été, ces enfants étaient demeurés à Paris. Leurs parents étaient-ils trop pauvres pour leur offrir des vacances? Étrangement, je revis alors les visages des enfants des bidonvilles de Caracas, entraperçus parfois alors que mon frère et moi avions leur âge. Cela m'avait hantée avant que je ne les oublie, après la mort de notre père. Pourquoi le souvenir de ces visages d'enfants venait-il soudain se superposer aux cris des enfants de l'immeuble?

— Ne sois pas triste, nous avons eu une délicieuse aventure.

Il retira son peignoir et se glissa nu à mes côtés.

— Mais tu pleures! Quel bébé! Dire que j'ai cru que tu étais une femme, toi!

Il me serrait contre lui, m'embrassait, murmurait des mots tendres. Nous étions à nouveau des amants et peu importait si c'était pour la dernière fois.

Il me pressait de me dépêcher tandis que j'achevais une sommaire toilette dans un évier, à côté de la chambre. D'autres photos de la fille blonde étaient punaisées sur le mur. Je les lui désignai.

— C'est ma compagne. Elle arrive mercredi.

Nous étions maintenant dans la rue, au bas de son immeuble. Une chaleur accablante régnait et aggravait les relents d'odeurs de poubelles. Il fouillait dans les poches de son jean à la recherche de ses clefs de voiture.

— Tu vas lui raconter notre nuit?

Il ne comprit pas immédiatement le sens de ma question puis se mit à rire comme si ce que je venais d'exprimer était particulièrement comique. Je dus reposer ma question tandis qu'il m'invitait à m'installer à ses côtés, dans la voiture. Il haussa les épaules, me caressa affectueusement la joue et d'une voix amusée:

— Quel bébé, mais quel bébé tu es! Si elle apprenait que nous avons couché ensemble, elle t'arracherait les yeux! Tu ne peux pas t'imaginer à quel point elle est jalouse! S'il y a deux personnes qui ne doivent jamais rien savoir, c'est bien Bresson et elle.

Nous nous trouvions dans le hall de la gare Saint-Lazare, devant le tableau des départs. J'étais abasourdie par ce qu'il venait de m'apprendre. Pourquoi était-elle jalouse? Avait-elle des raisons? Il courait en direction du quai annoncé. Le train de Versailles était là mais ne partait que dans dix minutes. Rassuré à l'idée que je rentrerais à temps à Guyancourt et peut-être soulagé de se débarrasser de moi, il voulut bien répondre à mes nouvelles questions.

— J'ai du mal à résister à certaines aventures, tu en es la preuve la plus récente, non?

— Tu en as beaucoup?

Ma curiosité visiblement le flattait.

110

— Cela dépend du charme des filles, du charme des garçons, de leur désir de moi, aussi. Pour en revenir à toi, tu es mignonne, tu as l'attrait des fruits verts, mais si tu ne m'avais pas voulu avec autant de détermination, je n'aurais rien fait pour t'avoir, rien !

— ... des garçons !

Je n'étais pas sûre d'avoir bien entendu. Des voyageurs arrivaient, les bras chargés de colis divers. Il m'aida à trouver une place assise près de la fenêtre et, à voix basse parce que nous n'étions pas seuls dans le compartiment:

— Oui, des garçons. Je les aime autant que les filles, même si je m'y prends plus discrètement. Tu vas en rencontrer un, cette semaine, que j'ai fait engager pour de la figuration. C'était mon prof de philo, au lycée, mon premier amant, celui qui m'a initié.

Le train s'ébranlait, il sauta sur le quai. Je me précipitai à la fenêtre pour l'apercevoir une dernière fois. Il courut avec le train aussi longtemps qu'il le put, en m'envoyant des baisers et en criant des mots que je ne pouvais plus entendre. Le train prit soudain de la vitesse, le distança et je le perdis de vue.

Je n'ai pas retrouvé Robert Bresson à Guyan-court comme nous en étions convenus. D'après nos hôtes, il avait attendu la confirmation de mon retour pour rejoindre son épouse, dans leur maison de campagne. Je les avais écoutés avec indifférence et, après un dîner rapidement expédié, j'étais montée me réfugier dans ma chambre. Pour aussitôt me coucher, écrasée de fatigue, de chagrin, avec l'odeur de mon ex-amant sur ma peau et les souvenirs trop précis de la sienne, de ses gestes et de son corps.

Le lendemain dimanche, après presque vingt heures de sommeil et un très long bain, je me sentais beaucoup mieux. Enveloppée dans une serviette-éponge, je regardais avec curiosité mon reflet dans le miroir. J'y découvrais une jeune fille inconnue qui me ressemblait vaguement: nous avions l'une et l'autre comme un air de famille. Mais ce n'était plus vraiment moi. Celle que je continuais de contempler, je devais maintenant

112

l'apprivoiser. Elle n'était pas déplaisante, d'ailleurs. Je lui trouvais quelque chose de plus affirmé et de plus harmonieux. En scrutant plus précisément mon visage, je le découvris aminci, comme débarrassé des rondeurs de l'enfance. À l'étonnement succéda le trouble : c'était donc moi, cette jeune fille ? Puis ce fut presque une panique : tout le monde, en me voyant, comprendrait les raisons de cette transformation, devinerait ce que j'avais fait à Paris. Comment affronter le regard inquisiteur de Robert Bresson dont le retour à Guyancourt n'était plus qu'une question de minutes ?

Le dîner s'achevait. Robert Bresson racontait les facéties de ses deux chatons et comment il avait cru en perdre un ; sa frayeur, son chagrin et son bonheur quand son épouse l'avait retrouvé à un kilomètre de leur propriété, à la lisière de la forêt. Josie et Charly expliquèrent à leur tour les fugues de différents animaux domestiques. Ils étaient tous trois d'excellente humeur et se disaient prêts à affronter la semaine, un peu soucieux tout de même de la météo car le tournage devait s'effectuer pour l'essentiel en extérieur. Pas une fois Robert Bresson ne fit allusion à mon bref séjour à Paris. De temps à autre il me regardait, sans s'attarder et en souriant. « Anne a vraiment l'air reposé », dit-il soudain en me désignant du bout de sa fourchette. « Elle a presque fait le tour

113

du cadran », expliqua Josie. « Un loir », approuva Charly. « C'est de son âge », conclurent-ils. Pour eux, rien n'avait changé, je demeurais la jeune fille qu'ils côtoyaient quotidiennement. Pour moi qui me savais autre, qui en avais eu la preuve en me contemplant dans le miroir, c'était tout simplement ahurissant! Et très mystérieux, aussi. Comment une si profonde métamorphose pouvait-elle demeurer invisible?

Comme d'habitude après le dîner, Robert Bresson prit mon bras et m'entraîna dans l'allée centrale du parc, en direction des grands arbres. Il me racontait avec beaucoup de drôlerie les rappels à l'ordre de sa productrice concernant le plan de travail qu'il dépassait régulièrement; les modifications qu'il s'était engagé à faire et son intention secrète de ne rien changer à sa façon de travailler. Tandis que nous nous éloignions de la maison, la pression de son bras s'accentuait, sa voix devenait un murmure. Je savais ce qui allait venir mais pour la première fois j'avais cessé de l'appréhender. Et quand il voulut m'embrasser, je le repoussai tout de suite. Un court instant décontenancé, il se reprit et voulut m'attirer contre lui. « Soyez gentille », chuchota-t-il. Je me reculai d'un pas. « Non, dis-je en le regardant droit dans les yeux. — Non? — Non. » J'étais très calme et très déterminée. Il me contempla quelques secondes comme s'il peinait à me reconnaître. Je soutins son regard sans faiblir, consciente qu'il se jouait là quelque chose de très important pour moi, pour lui. Le premier, il baissa les yeux. « Rentrons », dit-il.

Plus tard, couchée dans mon lit, j'écoutais les bruits qui me parvenaient de la salle de bains. Robert Bresson y faisait sa toilette et parlait à ses petits siamois. Il riait, s'indignait, s'émerveillait, cela m'attendrissait et je pensais maintenant à lui comme on pense à un vieil enfant. Je me sentais pleine d'indulgence à son égard car je comprenais qu'il avait perdu le pouvoir de me troubler. Soudainement, par le miracle d'une seule nuit avec un homme, j'avais cessé d'être à la merci des circonstances, à sa merci à lui. Je m'imaginais prête dorénavant à l'affronter et, pourquoi pas, à affronter le monde entier. La sensation de ce pouvoir si neuf me rassurait et m'étourdissait en même temps. Cela avait quelque chose de grisant et de fascinant. Oui, de vraiment fascinant.

La séquence que nous nous apprêtions à tourner se mettait lentement en place. Robert Bresson l'appelait « la scène de séduction » tandis que certains membres de l'équipe disaient plus volontiers « le viol ». Elle était découpée en plusieurs plans et ne comportait aucun dialogue. Marie, la jeune paysanne que j'interprétais, arrêtait sa voiture en rase campagne car elle avait reconnu Balthazar, l'âne de son enfance. Surgissait Gérard, le mauvais garçon, le prédateur, qui s'introduisait dans la voiture et sans un mot, sans un regard, lui caressait la nuque. Marie s'enfuyait et une poursuite s'engageait autour de l'âne Balthazar, incarnation de la pureté et de l'innocence. Puis Marie tombait, Gérard l'aidait à se relever et, définitivement vaincue, elle le suivait dans la voiture.

Ma concentration, ce jour-là, était totale et celle de l'équipe aussi. C'est le moment du film où se noue le destin tragique de Marie. Beaucoup étaient troublés par l'érotisme subtil que Robert

Bresson, pour la première fois, introduisait. Il dirigeait tout et tout le monde avec sa maîtrise habituelle et un minimum d'explications. Nous suivions. J'étais consciente de l'attention d'une grande partie de l'équipe à mon égard. Pour certains, c'étaient mes vrais débuts de comédienne et ils avaient plus le trac que moi : je me devais de ne pas les décevoir.

Quand on commença à répéter la poursuite autour de l'âne Balthazar, j'y déployai tout de suite une telle énergie que Ghislain Cloquet, effrayé, interrompit la répétition : la poursuite s'achevait par ma chute au bord de la route, il craignait que je ne me blesse.

— Dissimulons une couverture dans l'herbe, elle risquera moins de se faire mal.

— Anne fera *semblant* de tomber et je ne ferai guère plus de deux ou trois prises, lui répondit sèchement Robert Bresson.

— Et comment fait-on *semblant* de tomber, s'il vous plaît, Monsieur, quand on court aussi vite qu'elle ?

Le ton montait entre eux tandis que l'équipe attendait en silence la fin du conflit. Je surpris posé sur moi le regard de mon ex-amant. Un regard que j'interprétai ainsi : « Comment va-t-elle s'en sortir ? » Rien en lui ne trahissait la nuit que nous avions passée ensemble ; rien ne me communiquait un semblant de complicité, de

117

chaleur ou même d'amitié. La seule chose qui différenciait cette semaine des précédentes, c'était l'absence de petits mots doux dans les poches de la veste en velours. Son indifférence provoqua une douleur si fulgurante que j'en fus étourdie : c'était donc ça, ne pas être aimée ?

Robert Bresson et Ghislain Cloquet venaient me chercher, très remontés l'un contre l'autre. Ils me demandaient de trancher : avais-je besoin d'une couverture dissimulée dans l'herbe, au bord de la route ? Je leur assurai que non et le tournage commença.

— Coupez ! cria Robert Bresson. Qu'est-ce qui vous arrive ? Vous courez beaucoup trop vite ! C'est le mauvais garçon qui vous poursuit et pas l'inverse ! On reprend tout de suite ! Moteur !

— Silence !

— Ça tourne !

— Annonce !

— *Balthazar*, 240, deuxième !

— Action !

La poursuite autour de l'âne reprit. Je m'enfuis au moment prévu lors de la répétition et tombai dans l'herbe violemment, avec la volonté de me faire mal, d'oublier dans la douleur physique l'autre souffrance, intérieure et invisible, dont je venais de découvrir l'existence. On recommença une troisième, puis une quatrième fois. Maintenant, je mettais dans cette chute une vraie rage, je voulais me faire mal encore et encore. L'équipe suivait la scène comprenant qu'il se passait là quelque chose d'imprévu et d'un peu effrayant. Seul Ghislain Cloquet protestait:

— On a trois prises excellentes, ça suffit!

— Elle peut faire mieux. Moteur!

Juste avant de commencer la septième prise, je croisai à nouveau le regard de mon ex-amant. J'ignore ce que j'y lus mais je sais ce que je mis dans le mien: « Celle-là est pour toi. Regarde, regarde-moi bien! » Et quand il fallut à nouveau tomber au bord de la route, je le fis avec une violence désespérée qui était un message à lui seul destiné et qui signifiait: « Je pourrais me tuer! »

— Coupez! Très bien! cria Robert Bresson.

Ghislain Cloquet m'aida à me relever. J'avais les genoux écorchés, l'épouse du chef machiniste accourait avec un désinfectant tandis que Robert Bresson mettait en place la séquence suivante. Ghislain Cloquet était furieux et ne cherchait pas à amoindrir la férocité de ses propos.

— Ce qui vient d'avoir lieu est indigne! Vous avez tout de suite tout donné et c'était parfait dès la première prise. Il vous a fait recommencer par pur sadisme, pour vous punir de Dieu sait quoi! Il en faisait une de plus et je lui cassais la gueule.

— Ne vous faites pas autant de souci pour moi, ça va.

— Taisez-vous, reposez-vous, on va vous apporter un verre d'eau. Et en attendant...

119

Ghislain avait allumé une cigarette et me la calait entre les lèvres. Je l'écoutais sans saisir tout à fait le sens de ses paroles, attentive à un bien-être inattendu qui doucement me gagnait. J'avais mal dans tout le corps et particulièrement au genou droit, mais j'avais cessé de souffrir. C'était étrange : en me blessant physiquement j'avais expulsé beaucoup de l'autre douleur et je la voyais s'éloigner comme si elle s'était matérialisée dans quelque chose, un mauvais nuage, un nuage noir. Il me semblait aussi que le paysage se coloriait, que l'herbe redevenait très verte et le ciel très bleu. En à peine une heure, j'avais voulu mourir et maintenant je ressuscitais !

— Nous avons de la visite, m'annonça avec ennui Robert Bresson.

Il s'agissait de la productrice du film, Mag Bodard, et de son compagnon, le puissant patron de presse et grand journaliste, Pierre Lazareff. Un déjeuner était prévu pour nous quatre, à l'abri d'une tonnelle, en lisière du parc.

Je ne connaissais pas Mag Bodard, mais j'avais dîné deux ans auparavant avec Pierre Lazareff, chez un de mes oncles. J'avais alors été impressionnée par son intelligence, sa gentillesse et sa disponibilité. Délaissant un moment ses amis, il m'avait demandé ce que je comptais faire de ma vie et j'avais osé lui exprimer mon désir du moment: devenir reporter à *Cinq Colonnes à la une*. Après m'avoir écoutée, il avait pris le temps de m'expliquer que je devais auparavant réussir mon baccalauréat et envisager, peut-être, des études supplémentaires. Il l'avait fait avec beaucoup de tact et de simplicité, cela n'avait rien

121

à voir avec le discours convenu des adultes. À l'idée de le revoir, je me sentais intimidée et fébrile. Se souviendrait-il de l'adolescente de seize ans en deuil de son père, incapable d'aligner plus de deux phrases sans bafouiller?

La veille, Robert Bresson m'avait à nouveau évoqué les exigences de sa productrice à qui il avait dû promettre de respecter plus scrupuleusement le plan de travail. À ma question: « Et que comptez-vous faire? », il avait répondu: « Ce que je veux. Pourquoi? »

Le tournage de la matinée terminé, nous regagnâmes la maison où Mag Bodard et Pierre Lazareff nous attendaient devant la table dressée en leur honneur, sous la tonnelle. Mag Bodard était une petite femme d'une quarantaine d'années, très élégante, avec des airs de chatte ou de renarde. Elle vint à notre rencontre et s'empara avec fermeté du bras de Robert Bresson.

— Nous devons parler de ce retard invraisemblable que vous êtes en train de prendre, cher Robert, et ne me citez pas, comme hier soir, votre phrase préférée de Debussy: « J'ai passé une semaine à me décider pour un accord plutôt que pour un autre. » Sincèrement, vous trouvez sérieux de me dire ça, à moi, votre productrice?

Et en riant, elle entraîna son metteur en scène vers le fond du parc sans lui laisser la possibilité d'émettre le moindre avis contraire.

— Asseyez-vous, jeune fille.

122

Pierre Lazareff me désignait une chaise vide à côté de lui. Pendant quelques minutes il ne dit rien, se contentant de fumer sa pipe et de m'observer, amicalement, chaleureusement. Il émanait de lui comme des ondes de bonté et je me sentais en confiance. Il sortit soudain de son silence.

— Je me rappelle notre première rencontre, votre désir de travailler à *Cinq Colonnes*. C'est toujours d'actualité ?

Mon embarras le fit sourire.

— Je devine. Vous désirez aujourd'hui devenir actrice. Vous avez pris goût au cinéma et vous voulez faire partie de ce monde-là, le monde du cinéma. Je me trompe ?

Mag Bodard et Robert Bresson étaient de retour, Pierre Lazareff eut un geste en direction de la maison et Josie apparut avec un plateau et quatre coupes de champagne.

Le soir, durant le dîner, Robert Bresson très en verve raconta comment s'était passé le déjeuner et ce que les visiteurs lui avaient appris. Il semblait les considérer comme des êtres à part, presque des Martiens. L'immense succès que remportait sa productrice avec son second film, *Les parapluies de Cherbourg*, l'amusait particulièrement.

— Un film entièrement chanté ! Si, si, si, je vous jure que c'est vrai !

Josie et Charly riaient aux éclats, réclamaient d'autres détails qu'il s'empressait de donner.

— Tout le monde chante, même des gara-
gistes! Et il paraît que les gens adorent ça! Partout! Vous vous rendez compte? Je me demande
si je dois continuer à faire confiance à une femme
qui a des goûts si bizarres.

Il s'inquiéta alors de mon silence et je dus lui
avouer que je n'avais guère écouté sa conversation
avec Mag Bodard car j'avais bavardé avec Pierre
Lazareff. Il me tapota la main avec affection.

— C'était très gentil de votre part: grâce à vous
je n'ai pas eu besoin de lui faire des frais. Ce
n'était pas trop ennuyeux, au moins?

— Mais pas du tout. C'était passionnant et
j'étais sous son charme!

Robert Bresson parut stupéfait.

— Parce que vous trouvez que Pierre Lazareff
a du charme?

— Oh, oui!

À nouveau Josie et Charly riaient aux éclats,
osaient même quelques plaisanteries à la limite
de la familiarité sur le physique de Pierre Lazareff
et sur sa façon de parler à la vitesse d'une mitrail-
leuse. Robert Bresson, lui, réfléchissait, semblait
peser le pour et le contre d'un mystérieux problème. Soudain il eut un demi-sourire rusé.

— Vous avez tout à fait raison, ma petite Anne.
Lazareff a du charme... Beaucoup plus que vos
amis de Paris et que tous les jeunes gens en général. Nous le réinviterons, si vous le souhaitez.

124

Le dîner à peine achevé, Robert Bresson se plaignit de la chaleur et m'invita à faire avec lui le tour du parc. Il était enjoué et amical. Néanmoins, j'hésitais à le suivre car j'évitais maintenant nos tête-à-tête nocturnes.

— J'ai à vous parler.

Son ton soudain était devenu froid, proche de celui qu'il utilisait avec ses techniciens. Cela suffit immédiatement à m'inquiéter. Pourtant je le savais satisfait de mon travail, il me le répétait régulièrement et certains membres de l'équipe me le confirmaient. Durant l'après-midi, nous avions commencé à répéter la scène où Marie retrouve Jacques, l'ami d'enfance, le bon garçon. Jacques devait être interprété par Walter Green, le frère de Marika, l'extraordinaire jeune fille de *Pickpocket*. Nous ne nous étions pas rencontrés durant les essais et nous avions donc fait connaissance en répétant notre dialogue, assis sur le banc d'une allée du parc, comme l'exigeait le scénario. Mais après plusieurs tentatives, Robert Bresson avait renoncé à tourner la scène : ce que nous tentions de faire, nos voix, rien ne lui plaisait. Il préférait la reprendre un peu plus tard dans la semaine et nous avions terminé la journée avec un plan de Marie et de l'âne Balthazar.

— Je ne suis pas satisfait de Walter. Je me demande si je n'ai pas fait une erreur...

C'était donc ça ! Rassurée, je le suivis dans l'allée principale du parc et l'écoutai me faire part

125

de ses craintes, de ses doutes. Il évoqua avec humilité la possibilité de s'être trompé, excusant à l'avance son jeune interprète, prenant tous les torts à son compte.

— Avec lui, je n'y arriverai jamais, répétait-il.

Pour la première fois depuis le début du tournage, il s'avouait impuissant devant un problème de direction d'acteur, de mise en scène. La demie de neuf heures sonna à l'église de Guyancourt, la campagne autour se taisait. J'étais touchée par son désarroi et j'avais passé mon bras sous le sien pour le réconforter.

— Vous le ferez travailler... Vous arriverez à ce que vous souhaitez...

— Il est raide, il parle faux.

Il faisait nuit et nous étions revenus près de la maison, devant le banc où Walter et moi avions passé l'après-midi. Les lumières du rez-de-chaussée et du premier étage l'éclairaient faiblement et dans le ciel passaient par instants des étoiles filantes. Cela donnait à cet endroit un aspect étrangement théâtral. Robert Bresson me désigna le banc et m'invita à m'y asseoir. Lui demeura debout, poursuivant son monologue : les essais de Walter n'avaient pas été mauvais mais pas excellents non plus ; il avait le physique du personnage mais il lui manquait l'essentiel... J'allumai une cigarette.

— Ah non, ne fumez pas !

126

Il m'arracha la cigarette des lèvres et l'écrasa avec le bout de son mocassin. Puis il se laissa tomber près de moi et se tamponna le front avec un mouchoir en se plaignant de la chaleur. Je m'apprêtai à sortir une autre cigarette du paquet enfoui dans la poche de ma jupe mais il intercepta mon geste.

— Vous êtes beaucoup trop jeune pour fumer et vous savez que je m'efforce, moi, de ne plus le faire. Pensez à moi, au moins.

Il gardait ma main fermement emprisonnée dans la sienne.

— Comme vous êtes fraîche...

Son autre main effleura mon front, mes joues.

— Vous ne transpirez même pas et votre peau est douce, si douce...

Je détournai la tête alertée par son changement d'attitude et je m'empressai de revenir au prétexte de cette conversation, à ce qui l'inquiétait.

— Avec Walter, nous répéterons jusqu'à ce que vous soyez satisfait. Vous le ferez lire, vous *nous* ferez lire...

— Mais vous, vous êtes parfaite !

Ce compliment me désarma. Il avait gardé sa main gauche sur mon épaule tandis que la droite triturait une feuille de laurier. Je l'écoutai me décrire tout le bien qu'on disait de moi chaque jour, après la projection des rushes ; son bonheur de m'avoir choisie. Il m'annonça ensuite la venue prochaine d'un journaliste et d'un photographe.

— *France-Soir,* le quotidien de votre cher Lazareff. Et un peu après ce sera le tour du *Figaro,* de
Jours de France et de *Match.* J'ai tenté de refuser, de
vous garder à l'écart de ces singeries mais notre
productrice n'a rien voulu entendre. Il paraît que
ça intéresse la presse, « la petite-fille de François
Mauriac qui fait du cinéma » ! Vous leur accorde-
rez le minimum de votre temps, n'est-ce pas ? J'ai
besoin que vous soyez toujours à mes côtés.

Sa voix devenait tendre, enjôleuse ; sa main
caressait doucement mon épaule dénudée à
cause de la chaleur. Un bref instant je fus encore
une fois troublée par le charme de cette voix, de
ce regard et par le contact de ses doigts sur ma
peau ; tentée par l'envie presque animale de me
laisser séduire et de voir ce qu'il ferait, lui, avec
moi. Mais cela ne dura pas et je me reculai à
l'autre bout du banc. Sa main lâcha mon épaule.
J'étais calme, sans aucune agressivité à son égard.

— C'est tout ce que vous aviez à me dire ?

Ma question n'obtint pas de réponse. Il y eut
un froissement d'herbe et de feuilles dans le mas-
sif d'hortensias et le gros chat tigré entrevu
quelques jours auparavant vint à nouveau se frotter contre mes jambes. Son ronronnement sonore
réclamait mon attention, des gâteries. Je le cares-
sai et lui murmurai qu'il sentait bon le foin et
la menthe.

— Vous n'êtes pas gentille avec moi.

Je feignis de n'avoir pas entendu. Il laissa passer quelques secondes, puis :

— J'en viens à ce que j'ai à vous dire. Vous m'écoutez ?

— Walter ?

— Il s'agit bien de Walter ! Laissez ce chat ridicule et regardez-moi.

Je fis ce qu'il demandait, impressionnée par la brutalité soudaine de ses paroles et par l'expression courroucée de son visage. Ma docilité parut l'apaiser, il laissa passer encore quelques secondes. Enfin :

— D'ici quelques jours, un couple ami viendra me rendre visite. Lui est un éminent spécialiste du Moyen Âge que je connais depuis des années. Elle, sa jeune épouse, hésite encore entre une maîtrise sur le cinématographe et l'enseignement de la musique. Elle est belle, attirante, elle pourrait me plaire beaucoup...

Il laissa sa phrase en suspens et me fixa avec sévérité. J'avais cessé de caresser le gros chat maintenant enroulé autour de mes chevilles et qui ronronnait avec une énergie décuplée. Le contraste entre son bonheur et le sérieux de Robert Bresson était irrésistible et je ne pus me retenir de rire.

— Cessez de vous conduire comme une petite fille idiote !

Tout chez moi, à cette minute, l'exaspérait et cela m'amusait. Il me vint l'envie enfantine de

129

l'exaspérer davantage encore, de le mettre vraiment en colère. C'était peut-être un moyen de tester mon nouveau pouvoir sur lui, mais c'était surtout un jeu, un simple jeu, entre une jeune fille qui découvrait les délices de l'insolence et un monsieur âgé qui se drapait dans une autorité obsolète. Il prit une longue inspiration.

— Écoutez et écoutez-moi bien car cela vous concerne. Comme je viens de vous le dire, la jeune épouse de mon ami m'attire, je pourrais l'aimer... Si vous n'êtes pas plus gentille avec moi, si vous ne m'aimez pas un tout petit peu plus, je cesserai de vous aimer et je l'aimerai, elle. Vous avez compris ?

— C'est une excellente idée, aimez-la !

Animée par l'esprit du jeu, j'avais répondu sans hésiter, du tac au tac, comme si nous étions en train de disputer une partie de ping-pong. Mais mes mots l'atteignirent comme de vraies balles et il s'affaissa lourdement sur le banc. Le chat s'enfuit en direction de la prairie. Je le regardai s'éloigner et disparaître dans l'obscurité. J'écoutais aussi le souffle oppressé de Robert Bresson.

— Vous ne pensez pas ce que vous dites, murmura-t-il.

— Si. Aimez-la. Bonne nuit.

Et je le quittai, le laissant seul et désemparé sur le banc, avec l'impression d'avoir gagné une partie qui me laissait maintenant un drôle de goût dans la bouche. Peut-être n'avions-nous pas joué au même jeu, lui et moi. Je fus tentée un bref instant de revenir sur mes pas et de l'assurer de mon affection. « Ça ne me gêne pas que vous aimiez quelqu'un d'autre » étaient les mots qui me venaient spontanément à l'esprit. Mais une soudaine lassitude due à la fatigue, à la chaleur, et sans doute à d'autres raisons que je n'avais pas envie d'élucider, me poussa à l'abandonner et à monter me coucher.

Le lendemain matin, encore à moitié endormie, je rejoignis Robert Bresson dans la salle à manger. Il avait achevé son petit déjeuner et s'apprêtait à se rendre sur le lieu du tournage. J'avalai rapidement un bol de café noir de manière à le suivre comme nous en avions l'habitude. Il me fit signe de demeurer assise et, d'une voix maussade :

— Je n'ai pas besoin de vous. Restez ici et révisez votre texte. Nous reprenons cet après-midi la scène sur le banc, avec Walter.

— Mais j'ai envie d'aller sur le tournage !

Il haussa les épaules, se leva et quitta la pièce, sans un mot, sans un regard. Quelques secondes après, je l'entendis faire démarrer en trombe le moteur de sa voiture puis il n'y eut plus rien hormis le ronflement de l'aspirateur qu'une femme de ménage passait quelque part, au rez-de-chaussée.

J'étais abasourdie : après avoir chaque jour exigé ma présence à ses côtés, Robert Bresson me

132

consignait maintenant à la maison! Me priver du tournage, c'était me priver de ce à quoi je tenais le plus, il le savait; c'était me punir cruellement, méchamment, et me rappeler ainsi que lui seul détenait le pouvoir de m'accepter ou de m'exclure; que je n'étais rien sans lui.

Une voiture se gara dans la cour, une portière claqua et l'épouse du chef machiniste appela Josie. Elle suivait le tournage pour ne pas être séparée de son mari durant l'été, et la production lui avait trouvé un petit emploi: fixer ma queue-de-cheval postiche, s'occuper de mes vêtements, la robe-tablier de la Samaritaine, ma jupe bleu marine et mon corsage Liberty. Pendant les journées de travail, elle se tenait en retrait et tricotait des chandails pour sa famille en surveillant les allées et venues de son époux. « Le cinéma est un milieu plein de tentations pour un homme dans la fleur de l'âge », avait-elle expliqué à Josie avec qui elle s'était liée d'amitié. Je savais qu'elle prendrait un café et qu'ensuite elle regagnerait le lieu de tournage. Si je patientais une dizaine de minutes, je pourrais partir avec elle.

Et je me mis à penser à cette équipe d'hommes qui m'était devenue si familière. En trois semaines, j'avais appris les noms et les prénoms de chacun, leur fonction, et parfois leurs goûts et quelques détails encore plus personnels. Ils s'étaient, eux, complètement habitués à ma présence et disaient apprécier ma bonne humeur, la simplicité de mon comportement. J'étais aussi la seule jeune fille et cela m'assurait une place à part, très enviable. On ne me traitait plus comme une enfant et pas encore comme une femme. Je n'avais rien d'une vedette et ne prétendais pas le devenir. J'avais, au même titre qu'eux, un rôle dans la fabrication du film. Et c'était grisant d'être reconnue et admise par ces hommes de métier; d'exister sans passé, sans ma famille, dans le seul cadre de notre travail à tous, jour après jour.

Josie me tira de ma rêverie en me demandant ma taille et mon tour de poitrine. Je la regardai sans comprendre et ce fut l'épouse du chef machiniste qui m'expliqua le pourquoi de cette question saugrenue: Robert Bresson les avait l'une et l'autre chargées de m'acheter une chemise de nuit, une combinaison et un soutien-gorge.

— La chemise de nuit pour la scène où tu te relèves la nuit pour fleurir l'âne et le reste pour celle où tu te déshabilles, ajouta Josie.

— Où je me déshabille!

— Oui, chez le marchand de grains.

J'étais stupéfaite: jamais Robert Bresson ne m'avait donné des détails concernant ces deux scènes, je ne lui en avais pas demandé et, dans mon souvenir, le scénario ne livrait aucune précision, ou alors je l'avais mal lu.

134

— Il ne vous a rien dit pour ne pas vous effrayer. Comme ça, le jour venu, vous serez au pied du mur et obligée de faire ce qu'il veut. Vous n'avez pas l'air d'être très au courant des pratiques de ce métier, mon petit, reprit l'épouse du chef machiniste.

Je me sentais devenir très pâle et mes mains, sous la table, s'étaient mises à trembler. Les deux femmes poursuivaient leurs bavardages, sans méchanceté particulière, mais avec une vulgarité qui me blessait. Selon elles, les jeunes filles, au cinéma, étaient là pour être déshabillées et offertes au public; je ne devais pas faire de manières et obéir au metteur en scène. J'appris que j'étais de la « chair fraîche » et que, peut-être, « je devrais passer à la casserole ».

— Je dois aller sur le tournage, déposez-moi, dis-je avec le peu de force qui me restait.

L'essentiel de l'équipe était rassemblé derrière la caméra, au bord d'une route, en pleine campagne. Le premier plan prévu à l'ordre du jour semblait presque en place. Il s'agissait d'une scène où les mauvais garçons répandaient de l'huile pour faire déraper les voitures et provoquer des accidents. Un haut-parleur à la main, Robert Bresson lançait des ordres au premier assistant dissimulé derrière un tournant de la route et qui était chargé de faire partir les voitures. Le deuxième devait donner le signal à

135

François de renverser l'huile et de jeter au loin le bidon. Cela demandait une synchronisation parfaite et la mobilisation de tous.

Ce matin-là, des avions passaient régulièrement dans le ciel et l'ingénieur du son, Antoine Archimbaud, interrompait chaque tentative de tournage. C'était un complice de longue date de Robert Bresson, il s'autorisait plus de liberté que les autres techniciens et parfois en abusait. De son côté, Ghislain Cloquet, l'œil collé à sa cellule, annonçait une importante arrivée de nuages dans le ciel pour l'instant idéalement bleu-gris.

— Silence !

— Moteur !

— Ça tourne !

— Annonce !

— *Balthazar*, 117, huitième !

— Action !

Tout se passa bien, c'était la première fois depuis le début de la matinée, mais l'équipe demeurait tendue.

— On la refait tout de suite, cria à nouveau Robert Bresson. Moteur !

— Non, monsieur.

Ghislain Cloquet, l'œil toujours collé à sa cellule, expliqua :

— La lumière a complètement baissé. Il faut compter au moins dix minutes avant que ces maudits nuages ne s'éloignent.

Robert Bresson quitta sa place près de la caméra et se rapprocha de son chef opérateur avec une expression furieuse, comme s'il le tenait personnellement pour responsable de cette variation climatique.

— Impossible, c'est beaucoup trop long!

— C'est comme ça, monsieur. Exiger des nuages qu'ils demeurent à bonne distance, c'est beaucoup leur demander...

De les regarder travailler m'avait distraite et j'allais vers le groupe rassemblé autour de la caméra afin de les saluer. Robert Bresson m'aperçut et vint vers moi le visage rayonnant.

— Enfin, vous voilà! Quand vous n'êtes pas près de moi, rien ne fonctionne...

Sa façon d'ignorer les raisons de mon absence sur le lieu de tournage me désarçonna complètement. Avait-il déjà tout oublié? Se livrait-il à un exercice très réussi de mauvaise foi? Ou bien était-il sincère? Il m'embrassa affectueusement sur la joue et me raconta qu'il avait peu dormi durant la nuit car il était obsédé par le choix de la musique du film.

— Je me trompais avec Debussy. Une sonate de Schubert...

— Je ne tournerai jamais en soutien-gorge ou en combinaison.

Il se figea aussitôt, saisi par la brutalité de mon attaque.

— Je ne sais pas de quoi vous parlez, bre-douilla-t-il.

Je tremblais à nouveau de tous mes membres mais j'étais portée par la justesse de ma cause ; révoltée par ses dénégations.

— Vous ne me filmerez jamais en soutien-gorge et en combinaison... Jamais... Je tomberai malade, je quitterai le film...

Des larmes jaillissaient de mes yeux sans que je puisse les arrêter. J'étais humiliée de pleurer devant lui ; humiliée d'avoir été trahie par cet homme que j'admirais tant et en qui j'avais si confiance. Mais les nuages s'éloignaient et l'on appelait Robert Bresson. Il me serra dans ses bras, sortit un mouchoir de sa poche et me le mit de force dans la main.

— Je ne supporte pas de vous voir avec un tel chagrin... Je ne ferai rien sans votre accord.

Il me serra encore une fois dans ses bras et courut rejoindre sa place, debout contre la caméra.

— Moteur !

— Annonce !

L'effort de lui avoir tenu tête eut raison de ma résistance. Je me laissai tomber dans l'herbe, en tamponnant mon visage et en m'efforçant de retrouver une respiration normale. C'est le moment que choisit mon ex-amant pour s'approcher de moi en catimini.

— Qu'est-ce qui se passe ? chuchota-t-il. Tu es bouleversée et Bresson aussi. Qu'est-ce que tu as encore fait ?

138

Il semblait tenir pour acquis que si quelqu'un avait des torts, c'était moi et je me remis à pleurer. Comment pouvait-il être injuste à ce point? Cela faisait des jours qu'il m'ignorait; qu'il ne me saluait que de loin; qu'il n'y avait plus de petits cadeaux dans les poches de la veste en velours. Je m'étais efforcée de ne pas lui faire de reproches. J'avais même presque réussi à l'oublier en m'attachant aux autres hommes de l'équipe, à tous les autres hommes. Lui n'était pas capable de me donner quelque chose, n'importe quoi, qui m'aurait aidée à rire de ce banal, si banal premier chagrin d'amour. C'était tout à coup si douloureux, que je ne pouvais m'arrêter de pleurer tandis qu'il me contemplait de plus en plus désorienté. Enfin, il m'aida à me relever, me prit lui aussi dans ses bras et me tint un moment serrée contre lui. « Tu me manques tellement, murmurai-je. — Non, tu sais bien que non, dit-il en me repoussant aussitôt. — Sale type! » criai-je alors à la stupéfaction d'un assistant qui venait le chercher.

Nous étions à nouveau dans la partie du parc réservée au tournage. L'ensemblier rajoutait ici et là des branches mortes, du feuillage desséché et des ronces pour en accentuer l'aspect abandonné. Comme la veille, Walter et moi étions assis côte à côte sur le banc et tentions d'interpréter la scène dite « scène des retrouvailles de Jacques et Marie adultes ». Mais, comme la veille, rien n'allait. « Non, non, non », protestait Robert Bresson. Il dissimulait mal son impatience et l'équipe attendait en silence. Une tension visible commençait à se propager du chef électricien aux machinistes en passant par la scripte et les différents assistants.

— *Tu te souviens de ce que je t'ai promis, il y a beaucoup d'années, sur ce banc... ? Que je n'en aimerai pas d'autre ?*

— Non !

Robert Bresson quitta son fauteuil près de la caméra et vint se planter devant nous, son scénario à la main. Il s'en prit à Walter.

140

— Vous n'écoutez pas ce que je vous dis! Vous essayez de penser, vous essayez de jouer, ce n'est pas ça du tout! Vous m'entendez, là, à cette minute?

— Oui, monsieur.

— Alors, allez-y.

— *Tu te souviens de ce que je t'ai promis, il y a beaucoup d'années, sur ce banc...? Que je n'en aimerai pas d'autre?*

— *Mais moi, Jacques, je ne suis pas sûre de t'aimer...*

— *Est-ce si difficile à savoir?*

— Non! C'est récité, c'est faux. En plus, vous entraînez Anne et elle parle comme vous, maintenant!

Walter avait baissé les yeux et regardait fixement la pointe de ses chaussures. Il ne semblait pas le moins du monde affecté. Il était indifférent, absent, comme en attente d'une solution qui ne viendrait pas de lui. Mais peut-être cela dissimulait-il une sensibilité blessée. Peut-être était-il humilié. Et comment ne pas l'être face à des propos de plus en plus désagréables et à la nervosité grandissante de l'équipe? Le premier assistant vint s'entretenir à voix basse avec Robert Bresson. Celui-ci acquiesça et s'approcha tout près du banc, nous dominant de sa haute taille, de son regard.

— On a perdu assez de temps. Nous reprendrons ces répétitions après le tournage. Je vous ferai lire jusqu'à ce que vous y arriviez.

141

— Changement de séquence, cria le premier assistant. Arrivée de Balthazar dans le parc abandonné, on ne change pas de décor !

Dans un brouhaha général, chacun s'empressa de reprendre le travail. Je restai assise sur le banc à côté de Walter, muet, fermé, comme pétrifié. Avait-il l'intention de demeurer là toute la journée ? Je posai ma main sur la sienne et lui expliquai avec chaleur que nous ne devions pas nous décourager : nous tournions dans un grand film, avec un metteur en scène qui saurait extraire de nous le meilleur. N'avions-nous pas une chance inouïe d'avoir été choisis pour incarner Jacques et Marie ?

— Bah, fit-il en esquissant une moue ennuyée.

Puis il se leva et sans rien ajouter se dirigea nonchalamment vers la maison.

Des assistants étaient dissimulés derrière des buissons. Ils devaient effrayer l'âne pour l'obliger à surgir, comme guidé par la mémoire, dans le parc où il avait été heureux jadis quand il était un ânon choyé par Jacques et Marie enfants.

Diriger Balthazar, s'en faire obéir, s'était immédiatement avéré une tâche très compliquée qui avait mis les nerfs de toute l'équipe à rude épreuve. Comment le faire braire au bon moment et à la bonne place ? Car, pour braire, Balthazar savait braire, on l'entendait à des kilomètres et plusieurs plans avaient été interrompus à cause de lui. « Que faire, mais que faire ? » se lamentait Robert Bresson tandis que les heures gâchées s'accumulaient. « Parlez-lui », avait suggéré avec ironie Ghislain Cloquet. Et pendant plus d'une heure, devant une équipe entière au bord du fou rire nerveux, Robert Bresson avait sermonné et supplié l'âne. « Il ne m'écoute pas », avait-il conclu découragé.

Ce fut l'ingénieur du son Antoine Archimbaud qui trouva la solution en se débrouillant pour enregistrer loin de nous les braiments de Balthazar. Puis il nous rejoignit avec une bande sonore, un magnétophone et des airs de conspirateur. « Mais qu'est-ce que tu fiches, à la fin ! » s'énervait Robert Bresson. « Silence, mon vieux ! Silence, vous tous ! » exigea-t-il en enclenchant l'appareil. Le braiment sonore de Balthazar retentit et, à la stupéfaction de toute l'équipe, Balthazar à son tour se mit à braire. Depuis, à chaque fois que l'on enclenchait l'appareil, Balthazar, croyant avoir affaire à un autre âne, y répondait.

Mais ce jour-là, aucun braiment ne figurait au programme. Balthazar devait surgir dans le parc, hésiter entre différentes directions et se décider enfin pour la bonne allée, celle qui menait à son ancienne écurie où Marie, ensuite, le découvrirait.

Et comme souvent avec lui, rien ne se passait comme prévu : il n'arrivait pas au bon moment, ou bien s'empressait de faire demi-tour ou de prendre une mauvaise allée. Des machinistes, des électros et moi, appelés en renfort, fûmes postés en demi-cercle pour le forcer à s'enfuir par la seule issue libre, la bonne allée. Nos cris ajoutés à ceux des assistants provoquèrent un immense charivari qui finit par avoir raison de la mauvaise volonté de Balthazar : il surgit au moment désiré, hésita juste le temps nécessaire et disparut dans la bonne allée.

Le plan suivant était un plan rapproché de Balthazar immobile. Robert Bresson, debout contre la caméra, enrageait : « Il ne regarde pas où il faut ! » Comme à chaque fois, il était sincèrement indigné par l'indiscipline de son interprète et nous prenait tous à témoin. « Il n'écoute pas ce que je lui dis ! » Des assistants agitèrent des branchages pour attirer l'attention de Balthazar qui regarda enfin dans la bonne direction. Ce n'était pas suffisant : « Son œil ne brille pas comme il devrait ! »

Les machinistes et les électros rangeaient le matériel sous le hangar tandis que le régisseur distribuait la feuille de service indiquant le travail du lendemain : j'y figurais avec Walter et il s'agissait encore une fois de la scène de nos retrouvailles. Près de moi, Ghislain Cloquet se montrait très soucieux du dernier bulletin météo de Villacoublay qui annonçait le retour de la pluie.

144

— Nous avons quasiment tourné tous les intérieurs prévus en région parisienne et pris beaucoup de retard sur les extérieurs. Et je ne vous
parle même pas du deuxième tournage dans les
Pyrénées : il y tombe des trombes d'eau depuis le
début de l'été. Or, pour le noir et blanc, Bresson
a un principe et il a raison : si on ne tourne pas
les extérieurs en plein soleil, la lumière des intérieurs semblera fausse. C'est pour ça qu'il tenait
tant à tourner en été.

Il énuméra les séquences prévues pour les
semaines à venir que le mauvais temps compro-
mettrait gravement et conclut :

— Finalement, le gros morceau en intérieur
qu'il nous reste encore à tourner près d'ici, c'est
la séquence chez le marchand de grains.

Je sursautai. Comment avais-je pu oublier l'après-
midi ce qui m'avait tant tourmentée le matin ? Je
sentis la rougeur envahir mes joues à la seule idée
de devoir me déshabiller devant tout le monde et
en m'efforçant de dissimuler mon trouble sous une
apparente curiosité, je demandai :

— Savez-vous comment sera tournée cette séquence ? Bresson vous en a parlé ?

— Pour l'instant nos seules conversations con-
cernent des problèmes d'éclairage. Le marchand
utilise une lampe à pétrole, vous vous en souve-
nez ?

Quelque chose chez moi dut l'alerter car il me
regarda plus attentivement comme s'il s'attendait

145

à ce que je lui fasse soudain des confidences. Cher Ghislain, si intuitif dès qu'il me sentait en difficulté ; si protecteur, si affectueux... Si délicat aussi quand d'une voix hésitante et en s'excusant à l'avance de son indiscrétion, il me demanda ce qui me tracassait. J'hésitai un court instant. À ce moment-là, me confier à lui m'aurait fait un bien immense. Hélas, c'était impossible car lui exprimer ne serait-ce qu'un peu de mes craintes, c'était, selon moi, déjà trahir Robert Bresson. Nous étions appuyés contre le mur de l'écurie de Balthazar. Devant nous les machinistes achevaient de ranger leur matériel et s'apprêtaient à rentrer à Paris. Ghislain allait les suivre : pour eux tous, la journée était terminée.

— Ghislain, pourquoi êtes-vous si souvent inquiet à mon sujet ?

— Parce que je n'aime pas beaucoup ce monsieur Bresson.

— Mais pourquoi ?

— Je ne sais pas encore. Mais moi, je ne lui aurais jamais confié ma fille, jamais... Tiens, quand on parle du loup-garou, le voilà ! Et pas content du tout de vous surprendre en train de bavarder avec quelqu'un d'autre que lui.

Sur le banc en bois où devaient se tourner les deux longues scènes entre Jacques et Marie, Walter attendait. Il ne tressaillit pas en nous entendant venir, ne releva pas son regard obstinément baissé. Je pris place à ses côtés, impressionnée par son silence et son air absent. Robert Bresson debout devant nous triturait nerveusement son scénario.

— Bien, dit-il enfin. Nous allons reprendre et vous essayerez, Walter, de vous souvenir de ce que je vous répète depuis vingt-quatre heures. Vous m'écoutez?

— Oui, monsieur.

— Et vous pourriez me le redire?

— ...

— Alors, je recommence. Je veux que vous supprimiez toute intention. Vous ne devez pas jouer à être Jacques, ni jouer intérieur ni jouer simple. Il s'agit de ne pas jouer du tout. Allez-y!

Walter parut se concentrer puis tourna son visage vers moi comme l'exigeait la mise en scène. Son regard fatigué, presque vide, avait du mal à se fixer sur quelque chose de précis.

— *Tu te souviens de ce que je t'ai promis, il y a beaucoup d'années, sur ce banc...?* commença-t-il.

— Non! Vous faites un sort au mot « banc »! Prononcé par vous, ça devient « bang ». C'est pourtant simple: banc. Répétez: banc.

— Banc.

— Reprenez le texte.

— *Tu te souviens de ce que je t'ai promis, il y a beaucoup d'années, sur ce banc...? Que je n'en aimerai pas d'autre?*

— *Mais moi, Jacques, je ne suis pas sûre de t'aimer...*

147

— *Est-ce si difficile à savoir ?*

— Non !

Robert Bresson marchait de long en large devant nous à la recherche d'une idée, d'un argument ou d'une recette miraculeuse capable de dénouer une situation de plus en plus complexe. Malgré ses efforts pour demeurer calme, je voyais sa tension et je souffrais autant pour lui que pour Walter. Ce dernier était toujours aussi refermé sur lui-même, totalement étranger à nous, au film. Robert Bresson ouvrit son scénario et me le tendit.

— Lisez, me dit-il.

Et en se tournant vers Walter :

— Écoutez-la, écoutez-la bien.

Je fis ce qu'il me demandait. Parfois je butais sur les mots et m'interrompais, confuse. D'un petit geste de la main il m'encourageait alors à reprendre. Je sentais la tendresse de son regard, sa confiance. Un courant mystérieux passait de lui à moi et je parvenais à lire comme il le souhaitait, sans effort et dans l'improvisation. Enfin il me signifia que l'exercice était terminé et se tourna à nouveau vers Walter.

— Vous avez écouté ?

— Oui, monsieur.

— Vous êtes donc en mesure, j'espère, de comprendre qu'Anne est Marie, le personnage de mon film, parce qu'elle accepte de rester elle-même. Elle ne rajoute aucune intention, elle ne fait pas de psychologie, elle est juste et elle est vraie. C'est ça que je vous demande. Allez, on y va.

Mais Walter ne semblait plus disposé à reprendre une énième fois la scène. Il se leva et fit quelques pas en étirant posément ses bras et ses jambes comme un jeune sportif avant sa séance d'entraînement. Robert Bresson, soudain interloqué, le regardait faire sans intervenir. Dans le parc, les martinets criaient et volaient en ronds de plus en plus concentriques autour des arbres. L'air devenait tiède et parfumé, des cris d'enfants montaient du potager voisin. Était-ce l'influence bienfaisante de cette fin d'après-midi d'été à la campagne? Walter, pour la première fois, eut un aimable et franc sourire à l'intention de Robert Bresson.

— Je suis navré, monsieur, dit-il, mais je ne saurai jamais faire ce que vous me demandez et je préfère quitter tout de suite le film.

Maintenant il faisait face à Robert Bresson. Ils avaient tous deux la même taille et quelque chose de commun dans l'élégance du maintien et le choix des vêtements. Ils se mesurèrent un moment du regard en hommes très bien éduqués.

— Il n'en est pas question, dit Robert Bresson avec douceur. En travaillant davantage, vous y parviendrez. Comme tous les autres avant vous...

— Anne est beaucoup plus habile que moi..., commença Walter.

— Anne n'est pas *habile,* elle est *agile* et c'est toute la différence.

D'un mouvement du menton il me fit signe de lui céder ma place sur le banc et de les laisser en tête à tête. Il avait posé sa main sur l'épaule de Walter et c'est fermement qu'il le fit asseoir à ses côtés.

— Pendant une heure, dit-il, nous allons faire quelques exercices de lecture très simples qui vous aideront à égaliser les syllabes, donc à gommer toute intention personnelle.

Le soir, au cours du dîner, Robert Bresson demanda à Charly de prévenir le directeur de production : Walter n'était pas encore en mesure d'interpréter Jacques, il fallait reporter le tournage des séquences à la semaine suivante et modifier le plan de travail en conséquence. « Ce sera la troisième fois en trois jours, protesta Charly. Ils risquent de très mal le prendre, à Paris ! » Robert Bresson haussa les épaules et se tourna vers moi. « Je ferai travailler Walter pendant le week-end et j'aurai besoin que vous restiez avec moi à Guyancourt. » Ce fut à mon tour de protester : maman rentrait de l'île de Ré, je ne l'avais pas vue depuis plus d'un mois et il avait été entendu que je devais la rejoindre samedi, chez mes grands-parents. « J'ai besoin de vous et je compte sur vous », répéta Robert Bresson. Le sujet était clos.

Mais pas l'autre, celui qui me préoccupait tant et que j'abordai à nouveau, après le dîner. Nous étions sortis dehors car Robert Bresson, comme auparavant Ghislain Cloquet, s'inquiétait des changements de temps annoncés par la météo. De fait, le ciel se couvrait de nuages sombres et menaçants.

— Je voudrais que vous préveniez Josie que je ne mettrai pas de sous-vêtements et que c'est inutile qu'elle m'en achète, dis-je d'une traite.

Et parce qu'il ne répondait pas, le visage obstinément tourné vers le ciel, j'affirmai :

— C'est ce que vous m'avez dit ce matin.

— Je ne vous ai rien dit, ce matin.

— Si !

— Non.

Sa mauvaise foi me révoltait et je me lançai dans un discours confus qu'il interrompit très vite.

— Je n'ai pas eu une seconde, aujourd'hui, pour imaginer comment tourner la séquence chez le marchand de grains. Vous étiez avec moi, vous devriez le comprendre, dit-il avec lenteur. Votre refus de tourner en combinaison me paraît assez absurde. Vous préféreriez quoi ? Être nue ? Mais même si vous poussiez l'absurdité jusqu'à choisir d'être nue, c'est moi qui ne voudrais pas. Rappelez-vous la fin du film quand on découvre Marie nue après que les mauvais garçons l'ont

151

déshabillée et battue... C'est moi qui exige de filmer une doublure à votre place... Cela me serait insupportable de vous exposer devant toute l'équipe... D'ailleurs, cela me fait penser qu'on ne l'a toujours pas trouvée, votre doublure...

Il me raconta les recherches effectuées auprès de modèles posant pour les étudiants des Beaux-Arts. Certaines avaient été retenues mais il n'avait pas encore eu le temps de les voir. « Comme si je pouvais être partout à la fois! » se lamentait-il. Il évoqua ensuite des problèmes de décor et d'éclairage; les pressions incessantes qu'exerçait sur lui le directeur de production. Il s'exprimait de façon hachée, sans terminer la plupart de ses phrases. Je le regardais de biais et, malgré la pénombre, je remarquais les marques de fatigue sur son visage; la lassitude molle de la bouche et les rides plus marquées du front, autour des yeux, sur le cou. Mais je ne voulais pas me laisser attendrir.

— Je pourrais m'envelopper dans une couverture, un édredon ou un peignoir de bain... Comme ça, on croira que je suis nue en dessous. Qu'est-ce que vous en pensez?

— Aujourd'hui, rien. Maintenant, soyez gentille, allez vous coucher : j'ai besoin d'un peu de solitude.

Il me congédia d'un geste et comme j'hésitais à lui obéir, il me tourna le dos et s'enfonça plus avant dans le parc. Il s'était voûté et avançait à

152

petits pas prudents comme s'il avait soudain vieilli de plusieurs années. Je rejoignis ma chambre très troublée par cette métamorphose et en même temps rassurée car il me semblait avoir marqué un point décisif dans le conflit qui nous opposait. Lequel? Je n'aurais pas su le dire. C'était une impression, juste une impression. Mais elle fut suffisamment forte pour m'empêcher, par la suite, d'évoquer la séquence chez le marchand de grains. Aussi, quand je la vis inscrite sur la feuille de service, j'interrogeai à nouveau Robert Bresson: « Comment avez-vous résolu le problème de ma nudité? — Quel problème de nudité? Il a toujours été entendu que vous seriez enveloppée dans un édredon. »

Les mauvais garçons s'acharnaient à coups de pied contre une autre de leurs victimes favorites, Arnold, le clochard. Marie arrivait en courant, criait : « Lâches ! » et giflait Gérard, leur chef. Gifle qu'il lui retournait aussitôt. Il faisait beau, la bonne humeur était générale et nous répétions cette séquence depuis le début de la matinée.

Comme toujours, Robert Bresson savait exactement ce qu'il voulait : je devais donner une vraie gifle à mon partenaire mais lui, à l'inverse, devait faire semblant. « Il ne faut pas qu'Anne ait mal ! martelait-il sans arrêt. — Oui, monsieur », répondait François Lafarge qui interprétait Gérard. Robert Bresson lui avait indiqué un point précis sur ma joue et avait mimé comment je devais en même temps détourner la tête. Nous avions répété plusieurs fois cette scène, nous allions la tourner, mais l'idée de frapper François me répugnait.

— Vous devez le gifler pour de bon, insistait Robert Bresson. Une frêle jeune fille comme vous

154

ne peut pas faire de mal à un garçon comme lui...
C'est robuste, un garçon... N'est-ce pas, François?

— Oui, monsieur.

François, selon son habitude, demeurait impassible. C'était un jeune homme silencieux, qui se gardait d'émettre la moindre opinion et qui semblait ne pas beaucoup s'intéresser à la bonne marche du film. Ses rapports avec nous étaient amicaux mais froids; son humeur invariablement égale. Il comprenait en une seconde ce qu'on attendait de lui et l'exécutait avec une facilité déconcertante. Lui et moi avions en commun de faire peu de prises, d'«économiser la pellicule», comme on disait dans l'équipe.

— Anne, vous arrivez en courant, récapitulait Robert Bresson, vous vous arrêtez à la marque fixée dans le sol et vous lui donnez une gifle *pour de bon*. François, vous lui en donnez une autre mais *feinte*. Exactement celle que nous venons de mettre au point. Vous m'avez bien compris, François? Anne ne doit *rien sentir*!

— Oui, monsieur.

— Alors, on y va.

— Silence!

— Moteur!

— Ça tourne!

— Annonce!

— *Balthazar*, 360, première!

La gifle que je reçus fut d'une telle violence que je demeurai hébétée, incapable d'exprimer ne serait-ce qu'un cri de douleur. Autour de moi, à l'inverse, on criait beaucoup. Robert Bresson, d'abord : « Coupez ! Très bien ! » puis la scripte qui voulait savoir si nous étions capables de refaire tout de suite une deuxième prise ; Ghislain Cloquet qui accourait en proférant des injures ; mon ex-amant pour une fois un peu effrayé et qui réclamait le silence. Les autres techniciens observaient cette agitation avec une réserve prudente et, me semblait-il, de la gêne. Quant à François, il fixait le sol en attente de ce qui allait venir. Qu'il m'ait giflée pour de bon et de toutes ses forces ne paraissait guère le gêner.

— On la refait ? demanda le premier assistant.

— Non ! cria Ghislain Cloquet.

Il s'était posté à mes côtés comme s'il voulait empêcher quiconque de m'approcher. Son regard furieux allait de François à Robert Bresson et je l'entendais marmonner des insultes. Sa colère devait être impressionnante à en juger par le silence soudain de l'équipe.

— Ces pratiques sadiques n'ont rien à voir avec le cinéma, Monsieur, dit-il en articulant soigneusement chaque mot de façon à se faire entendre de tous. Un peu plus et cette brute lui dévissait la tête ! Il n'y aura pas de deuxième prise, ni de troisième...

— Mais qui parle de refaire une prise, Cloquet ? Celle-ci était excellente, on la tire et on passe à autre chose.

156

Robert Bresson nous avait rejoints, les mains tendues en avant en signe d'apaisement. Il eut un regard rêveur à l'intention de son directeur de la photographie que cette réponse inattendue avait désarçonné. Puis un autre, très tendre, vers moi :

— Ma petite Anne n'a pas trop mal ?

Et un autre encore, sévère et lourd de reproches :

— François, François... Qu'est-ce qui vous a pris de frapper aussi fort ? Nous étions convenus que la gifle serait feinte... Nous avions répété... Ce n'est pas bien, François, ce n'est pas bien du tout...

— Je regrette, monsieur.

François fixait toujours le sol sans exprimer le moindre remords. Son indifférence à mon égard commençait à me choquer et j'étais sur le point de me mettre à mon tour en colère. Robert Bresson le devina.

— Pardonnez-lui, ma petite Anne... C'est balourd, un garçon, ça ne maîtrise pas toujours sa force... N'est-ce pas, François ?

— Oui, monsieur.

Il avait cessé de fixer le sol et nous regardait avec un air exagérément innocent. Robert Bresson me poussait vers lui comme si nous devions nous embrasser ou nous serrer la main en signe de réconciliation. Son désir d'apaisement m'avait gagnée et peu importait la peur que j'avais eue, la douleur qui persistait. Nous tournions un film,

157

la prise avait été bonne du premier coup et cela seul comptait. D'ailleurs, la vie avait repris et tout le monde s'affairait à mettre en place le plan suivant. À l'exception de Ghislain Cloquet qui demeurait immobile. Robert Bresson déposa un rapide baiser sur mon front, réclama son viseur et partit s'entretenir avec son premier assistant. C'est alors que je perçus dans les yeux de François une minuscule et mystérieuse lueur qui s'effaça aussitôt quand il sentit mon regard sur lui. Mais Robert Bresson l'appelait, il courut le rejoindre et je les vis s'écarter des autres membres de l'équipe. Je vis encore Robert Bresson lui tapoter l'épaule comme pour le féliciter et François qui riait. Une complicité qui ne s'était jamais manifestée auparavant semblait les unir. Ghislain Cloquet les désigna du doigt.

— Vous avez compris? Ils sont de mèche! C'est votre Bresson qui a exigé de François qu'il vous gifle aussi fort!

— Mais c'est dégoûtant!

J'étais révoltée. Robert Bresson s'était joué de moi, m'avait menti. Si habilement que je n'avais rien vu, rien soupçonné. Quand et comment avait-il passé cet accord secret avec François? J'étais prête à jurer qu'ils ne s'étaient jamais entretenus en tête à tête.

Allongée dans l'herbe de la clairière, je les voyais répéter le plan suivant qui mettait en scène

François et les autres mauvais garçons. Robert Bresson évoluait entre eux avec cette aisance qui le caractérisait et qui donnait le sentiment qu'il en était ainsi depuis toujours. Il semblait satisfait de lui, du bon déroulement de la journée et cela renforçait sa séduction, son pouvoir sur les jeunes garçons qu'il dirigeait. La ruse qu'il avait utilisée pour obtenir une vraie gifle, ses mensonges et son hypocrisie avaient très vite cessé de me révolter. J'avais maintenant envie de l'applaudir, d'en rire avec lui, sincèrement, en bonne joueuse.

Ce ne fut jamais possible car toujours il nia: « Moi? J'aurais secrètement demandé à François de vous gifler *pour de bon*? De vous faire mal? Comment pouvez-vous me prêter des intentions aussi odieuses!» Et devant mon air narquois: « Vous me faites beaucoup de peine. Si, si, si... »

Le lendemain, alors que nous achevions de prendre notre petit déjeuner, quelqu'un nous fit parvenir un exemplaire du quotidien *France-Soir* daté du jour. Ma photo s'y étalait en première page avec ce titre: « La petite-fille de François Mauriac fait du cinéma. » Le journal passa de main en main, chacun y alla de son commentaire et l'on me demanda mon avis. Curieusement, je n'en avais pas. Je contemplais avec étonnement le portrait d'une jeune fille qui esquissait un timide et doux sourire. Elle avait la queue-de-cheval postiche du film, elle portait mon corsage Liberty, elle me ressemblait vaguement. Et c'était moi ? Mon incrédulité faisait rire Josie, Charly et les quelques membres de l'équipe qui nous avaient rejoints dans la salle à manger et qui avaient eux aussi apporté un exemplaire de *France-Soir.* Robert Bresson avait pris le temps d'observer la photo et de lire le petit article qui l'accompagnait. Mais il se taisait, l'air songeur. Il avait été très contrarié deux jours auparavant par ce qu'il avait appelé l'« intrusion de la presse » et c'était à contrecœur qu'il m'avait laissée seule avec un journaliste et un photographe. Ces deux hommes très aimables m'avaient invitée à les suivre dans le parc et dans les ruelles du village. Pendant près d'une heure, j'avais répondu à des questions, bougé, souri, comme ils me le demandaient. Cela m'avait semblé facile, plutôt amusant, mais je les avais oubliés dès mon retour sur les lieux du tournage.

Comme le silence de Robert Bresson se prolongeait, je finis par m'en inquiéter et lui demandai s'il était mécontent et si j'avais eu tort de poser pour cette photo. Il regarda à nouveau distraitement le journal, puis moi, avec une douceur rêveuse et cet air absent qu'il pouvait avoir parfois et qui le rendait alors très énigmatique.

— Non, dit-il enfin, je ne suis pas mécontent. Et vous, vous êtes fière d'avoir votre portrait en première page ? Vous vous trouvez jolie ?

— Je ne sais pas.

La simplicité de ma réponse accentua son air rêveur. Il tendit la main et effleura ma joue.

— Le charme de ceux qui ne savent pas qu'ils en ont..., murmura-t-il.

Et devançant la question que je m'apprêtais à lui poser :

— Vous comprendrez plus tard.

Il se garda d'ajouter quoi que ce soit comme pour me permettre de méditer ces mystérieuses paroles, de les laisser s'inscrire au plus profond de moi. Plus tard, en effet, je comprendrai ce que cherchait Robert Bresson lorsqu'il filmait des jeunes gens et des jeunes filles chez qui l'enfance s'attarde encore; la singularité absolue de son cinéma. Plus tard encore, je tomberai sur un article du *Figaro* daté du 11 février 1955 où François Mauriac écrit à propos du *Journal d'un curé de campagne*: « Je regarde sur l'écran le visage d'un garçon qui s'appelle Claude Laydu mais que le metteur en scène Robert Bresson a pétri et repétri jusqu'à ce que Claude soit devenu un autre tout en demeurant lui-même. Car voici le mystère: grâce à des procédés, grâce à une méthode, l'âme réellement affleure, elle apparaît, nous la voyons, nous pourrions la toucher... » Se souvenait-il de cela, mon grand-père, quand dix ans plus tard il m'accorda la permission de tourner *Au hasard Balthazar*?

— Un couple d'amis vient déjeuner avec moi, aujourd'hui, dit soudain Robert Bresson. Josie, vous dresserez la table sous la tonnelle pour nous trois. Et vous, Anne, vous irez déjeuner à la cantine, avec l'équipe. Aujourd'hui, vous ne tournez pas, vous pouvez occuper votre après-midi comme vous l'entendez, vous êtes libre. Mais jusqu'à la pause du déjeuner, vous restez près de moi.

J'étais *libre*? Quelle surprenante nouvelle! Je me levai à mon tour et le suivis sans réclamer d'explications. Maintenant je me souvenais de

l'existence d'un couple ami et plus particulièrement d'une jeune femme « qui lui plaisait beaucoup et qu'il pourrait aimer si... ». J'étais très
curieuse de la rencontrer, de voir à quoi elle ressemblait.

La séquence prévue sur la feuille de service
concernait le tout début du film. On y voyait
Jacques et Marie enfants jouant dans le foin avec
l'ânon Balthazar. L'équipe avait investi la grange
et préparait le premier plan. Certains d'entre eux
avaient vu *France-Soir* et me taquinaient: « Voilà
notre vedette ! » Je me contentais de hausser les
épaules et le chef électro conclut: « Pas fière pour
un sou, la petite ! » Son commentaire me parut le
plus beau des compliments.
Robert Bresson m'appela pour me présenter
une fillette blonde qui se cachait craintivement
derrière sa mère: Marie enfant. Puis un petit garçon brun exagérément excité et qui ne tenait pas
en place: Jacques enfant. Il les réunit et leur
expliqua ce qu'il attendait d'eux, comme il l'aurait fait avec des adultes, sans soupçonner que sa
façon littéraire de s'exprimer ne leur convenait
pas. Après plusieurs tentatives infructueuses, il se
découragea et appela le premier assistant: « Ils ne
m'écoutent pas du tout, du tout... Tâchez de vous
faire mieux comprendre. »
On achevait d'éclairer le coin de la grange où
les enfants et le petit âne devaient jouer dans le

163

foin. Assise à côté de Robert Bresson, j'assistais, surprise et un peu troublée, à la mise en place et aux premières répétitions. Si le petit garçon ressemblait de façon criante à Walter, la fillette était très différente de moi. Robert Bresson comprit intuitivement ce que j'éprouvais et s'en amusa : « C'est votre portrait, cette gamine. Si, si, si... » Pour aussitôt après se contredire : « Non, je plaisante. Cette petite n'a rien à voir avec vous. Mais pour les futurs spectateurs du film, ce sera vous. Ou plus exactement, elle et vous serez Marie, une seule et même personne. » Il prit ma main et la serra très fort. « Il faut me croire. » Sa confiance absolue en lui, en son œuvre, me fit tressaillir d'émotion. Il ne lâcha pas tout de suite ma main et quelque chose de mystérieux se transmettait de lui à moi, me faisait voir différemment les deux enfants et au-delà d'eux, le monde. Il me semblait qu'auprès de lui, j'apprenais à regarder et à entendre. Et ce que j'éprouvais pour lui, à cet instant, juste avant qu'il ne crie : « Moteur ! » c'était un inextricable mélange d'amour, d'admiration et de gratitude.

Le dernier plan de la matinée venait d'être tourné et l'on annonça : « Une visite pour monsieur Bresson ! » Un couple que personne jusque-là n'avait remarqué traversa la cour et se dirigea vers nous.

Lui était un grand et bel homme d'environ cinquante ans qui ressemblait étrangement à Robert Bresson : même abondante chevelure blanche, même taille, même port de tête majestueux. Elle était longue, mince, blonde. Vêtue d'une courte robe d'été, elle se déplaçait avec la grâce et l'assurance d'une danseuse étoile. Robert Bresson les accueillit et s'empressa de leur faire visiter la grange et l'écurie. En passant, il leur désigna les deux enfants, l'ânon, l'âne Balthazar, les principaux techniciens, moi. Il lançait nos noms et nos fonctions dans le film sans se soucier de nous présenter, d'amorcer le moindre début de contact entre ses visiteurs et nous. « M. Bresson, maître du cirque, exhibe ses animaux savants », commenta Ghislain Cloquet en mimant la lourde et précautionneuse démarche d'un ours polaire sur la banquise.

L'équipe du film déjeunait chaque jour dans l'arrière-salle d'un café de Guyancourt. C'étaient de bruyantes tablées où l'on mangeait, s'apostrophait, riait dans une ambiance de réfectoire de collège. Ma présence surprit tout le monde et je fus accueillie par un tintamarre d'applaudissements et de plaisanteries.

Ghislain Cloquet m'invita aussitôt à me joindre au groupe qu'il formait avec son cadreur, son assistant, l'ingénieur du son et le chef décorateur. « Viens avec moi », chuchota alors mon ex-amant.

Je ne l'avais pas vu entrer dans le café, il se tenait derrière moi et me caressait discrètement le dos. « Viens... pour une fois qu'*il* n'est pas là pour te surveiller... » Un instant je fus émue physiquement par le contact de son corps contre le mien, par son regard volontairement séducteur. Un instant je fus traversée par l'espoir absurde de lui plaire à nouveau et peut-être de m'en faire aimer.

— Puisque Robert a ouvert la cage, viens avec nous, jeune fille !

Le chef décorateur Pierre Charbonnier me désigna avec autorité une chaise vide entre lui et Ghislain Cloquet. En fait, il me tirait d'embarras et je me glissai entre les deux hommes. Non sans avoir eu la fugitive satisfaction de surprendre chez *l'autre* une grimace de dépit.

À peine étais-je assise que les plaisanteries reprirent de plus belle : pourquoi mon mentor m'avait-il libérée ? Lui avais-je déplu ? Était-ce le début de ma disgrâce ? Ou, à l'inverse, le début d'une saine révolte de ma part ? J'appris que l'on me surnommait la « petite prisonnière » et que le comportement de Robert Bresson était fortement critiqué. Beaucoup jugeaient inadmissible sa volonté de déjeuner jour après jour à l'écart de l'équipe et de m'empêcher de me joindre à elle.

— Ça suffit, fichez-lui la paix ! tonna Pierre Charbonnier.

Comme l'ingénieur du son, il était de longue date un ami et collaborateur de Robert Bresson. Sa fonction de chef décorateur impliquait qu'il soit constamment à la recherche de nouveaux décors ou en train de les aménager, et on le voyait peu durant le tournage. Quand il passait nous voir, c'était à toute vitesse et en feignant de protester devant les nouvelles exigences de son metteur en scène. Mais personne n'était dupe de la complicité qui unissait les deux hommes.

Ghislain Cloquet et son équipe caméra discutaient des séquences de nuit prévues dans peu de jours. Il s'agissait d'une fête qui se tournerait à l'intérieur et à l'extérieur du café où nous nous trouvions, avec la plupart des interprètes du film et une très nombreuse figuration. Ce tournage déjà long et compliqué était aggravé par les mauvaises prévisions de la météo. Comment éviter les multiples averses et la possibilité d'une tempête ? Je trouvais passionnant de les écouter échafauder tant d'hypothèses contradictoires. À vrai dire, c'était surtout Ghislain qui parlait car Jean, son cadreur, ne s'exprimait jamais autrement que par des mouvements de tête ou des borborygmes. Au début, comme je ne pouvais croire à un réel mutisme, Ghislain m'avait mise au défi de lui arracher quelques mots. Jusqu'à ce jour, je n'avais réussi à obtenir de lui que des « Hum... Hum... Hum ». Mais je n'avais pas renoncé : faire parler Jean était un jeu de plus.

— J'espère que la petite prisonnière ne souffre pas trop d'être enfermée, dit soudain Pierre Charbonnier. Si j'avais su, j'aurais mieux aménagé la cage, j'y aurais mis une balançoire, une piscine miniature...

Ses propos et ses yeux rieurs me détournèrent de l'équipe caméra et je le regardai sans comprendre.

— Que voulez-vous dire?

— Robert a toujours été un tyran. Ce n'est pas le goût du pouvoir ou de la manipulation, comme on le lui reproche, c'est pour les besoins de son film. Il a une façon très particulière de créer un rapport exclusif avec son interprète et de l'isoler qui produit, quand sa méthode fonctionne, comme une sorte de télépathie entre lui et la personne de son choix.

— Mais avec toi, il pousse cette méthode à l'extrême! enchaîna Antoine Archimbaud, l'ingénieur du son. Et même, il innove en te faisant vivre avec lui et en t'interdisant de sortir du périmètre qu'il a tracé autour de toi!

— C'est bien ce que je dis, il lui a fait une cage! le coupa Pierre Charbonnier.

— Vous vous moquez de moi, je n'ai jamais eu l'impression d'être enfermée dans une cage!

Je venais de m'exprimer sans réfléchir mais avec une telle sincérité que les deux hommes échangèrent un regard contrit.

— Non, ne crois pas qu'on se moque de toi ou de Robert, jeune fille, dit Pierre Charbonnier. Je suis rarement sur le tournage, donc j'ignore comment il travaille avec toi. Mais je vois les rushes et les résultats donnent raison à Robert : tu es presque toujours très bien et dès les premières prises.

Il apostropha Ghislain.

— Je me trompe, Cloquet ? Elle n'est pas bien, cette jeune fille ? Essayez de dépasser votre antipathie à l'égard de Robert et soyez objectif. Cloquet ?

Il y avait quelque chose d'irrésistible dans les mimiques multiples et joyeuses de Pierre Charbonnier. De fait, Ghislain se dérida.

— Puisque vous insistez, je dois admettre qu'il a le talent d'attraper chez Anne des moments surprenants de spontanéité, de fraîcheur. C'est aussi vrai avec François, le mauvais garçon. Par ailleurs, si vous croyez m'apprendre que c'est un immense cinéaste, j'étais déjà au courant, figurez-vous : j'ai vu *Pickpocket* au moins trois fois. Mais...

Il se retourna vers ses deux interlocuteurs visiblement satisfaits de cette mise au point et, sur le ton du défi :

— ... Mais je ne lui confierai jamais ma fille, jamais !

Le premier assistant appelait à la reprise du travail, la pause déjeuner était terminée. En sortant du café, Pierre Charbonnier posa un bras amical

169

sur mes épaules et toujours en feignant de plaisanter :

— Tu ne répéteras pas à Robert ce que nous t'avons dit. Il serait fichu de nous accuser de te « pourrir », jeune fille.

Une autre séquence se mettait en place : le baptême de l'ânon. Jacques enfant accompagné d'une petite fille qui jouait sa sœur officiait : *Balthazar, je te baptise au nom du Père, du Fils, et du Saint-Esprit*, récita-t-il sans se tromper une seule fois. Sa rapidité à comprendre la moindre indication et la précision de ses gestes firent que l'on passa très vite au plan suivant. Marie enfant, accompagnée par son père, apparaissait et se joignait au groupe pour assister à la suite de la cérémonie. La petite fille était encore effarouchée et se laissait comme à regret conduire par celui qui incarnait son père, qui interprétait, un peu vieilli, *aussi* le mien.

Mais très vite je cessai de suivre la mise en place de ce nouveau plan pour m'intéresser aux amis de Robert Bresson. Ils semblaient très à l'aise, le suivaient dans le moindre de ses déplacements, l'appelaient par son prénom, regardaient dans le viseur quand il le leur tendait, écoutaient les nombreuses explications techniques et se tenaient debout contre lui près de la caméra durant le tournage des scènes. Ils paraissaient heureux d'être ensemble et une gaieté complice émanait de leur trio.

La jeune femme était plus silencieuse et plus en retrait. Mais pas une seconde son regard ne se détachait de la silhouette ou du visage de Robert Bresson. Un regard éperdu, fasciné, et dont l'intensité me troubla. Comment ne pas y voir de l'amour? Un amour très fort, qu'elle ne cherchait pas à dissimuler, et dont elle n'était peut-être pas consciente. Son mari non plus, d'ailleurs. Lors d'une pause, il me rejoignit sur le banc où, un peu à l'écart, je fumais une cigarette. Il m'en demanda une et engagea la conversation. On lui avait appris que j'étais la petite-fille de François Mauriac et il me fit part de son admiration pour « l'écrivain, le journaliste et le chrétien qu'il était année après année, dans ses textes mais aussi dans ses prises de paroles ».

La fin de l'après-midi approchait quand le couple se décida à regagner Paris. Ils firent un au revoir collectif destiné à l'équipe mais vinrent me saluer. Lui me serra la main tandis qu'elle se contenta de me fixer longuement de son regard gris clair, mystérieusement interrogateur. « Vous avez la chance de tourner dans un très grand film », murmura-t-elle enfin d'une voix grave dont la musicalité me frappa. « Vous venez? » appela Robert Bresson qui se tenait à quelques mètres avec son mari. « Oui, Robert », répondit-elle dans un souffle et en butant sur les mots. Elle

171

tourna les talons et les rejoignit. Je restai à la contempler, jusqu'à ce qu'ils disparaissent, à l'angle de la maison. Cette démarche de danseuse étoile, ce regard et cette voix... Oui, cette jeune femme était belle.

Lors du dîner, je repensais à ce couple, à leur charme insidieux qui durait au-delà de leur départ. Robert Bresson aussi semblait loin de la salle à manger et du babillage habituel de nos hôtes. Il leur prêtait une attention distraite, mangeait peu et machinalement. Songeait-il à eux? À elle? J'avais encore en tête la façon éperdue avec laquelle elle avait répondu à son appel, le murmure de son « Oui, Robert ». Et tout à coup, j'eus un sentiment de solitude et l'envie de revoir les miens.

— Robert?

Il se tourna vers moi, un peu étonné. Même s'il insistait souvent pour que je le fasse, je l'appelais rarement par son prénom en présence de témoins, et encore, seulement quand c'était absolument nécessaire. Je me sentis rougir mais il m'encouragea à poursuivre, à l'avance compréhensif.

— J'aimerais moi aussi que des amis viennent me voir.

— Des amis?

Le sourire compréhensif s'effaça aussitôt.

— Mon frère, mes amis Thierry et Antoine...

172

Ma demande sembla le scandaliser. Il me fixa, les sourcils froncés, la bouche pincée, avec cet air de maître d'école qu'il avait parfois et qui le rendait, sans bien sûr qu'il s'en doute, excessivement comique. Josie qui ne comprenait jamais rien crut bon d'intervenir.

— Tu es ici chez toi et je serai ravie de recevoir tes amis et ton frère. Ta maman aussi, d'ailleurs.

L'air scandalisé de Robert Bresson s'affirma mais il fit un visible effort pour l'effacer et pour présenter à son hôtesse, puis à moi, une expression plus courtoise. Enfin il consentit à me répondre en prenant soin de bien articuler chaque mot, comme je l'avais vu faire parfois avec certains, Walter en particulier :

— Pour votre frère, c'est oui, il peut venir quand il veut. Quant à *ce* Thierry et à *cet* Antoine, il ne saurait en être question. Je ne veux même plus vous entendre prononcer leurs noms devant moi.

Il se leva et sans nous laisser le temps de réagir :

— Par ailleurs, vous retournez ce week-end dans votre famille et vous aurez tout le temps de revoir votre chère maman et de lui exprimer à quel point elle vous a manqué et comme vous vous êtes souvent ennuyée en ma compagnie...

Et il quitta la pièce avec l'air satisfait et un peu méchant d'un enfant qui aurait commis une faute en cachette et qui serait convaincu de son impunité.

Je ne m'attendais pas à cette explosion de joie quand maman m'ouvrit la porte de notre appartement. Je me jetai dans ses bras avec la fougue d'une enfant. « Allons, allons », me dit-elle en me serrant maladroitement contre elle puis en me repoussant très vite pour mieux me regarder. Nous restâmes plus d'une minute à nous faire face en silence, très émues et ne sachant quoi dire, par où commencer. J'admirais ses beaux et immenses yeux noirs, les traits très dessinés de son visage, sa mince silhouette bronzée de vacancière. Je me demandais avec un mélange excitant de curiosité et d'effroi si elle voyait à quel point j'avais, moi, changé. Allait-elle comprendre que je n'étais plus la petite jeune fille du début de l'été ? J'avais hâte de lui annoncer la *grande nouvelle*. Mais j'avais encore plus envie qu'elle le devine toute seule. Avec quelle fierté je lui raconterais ensuite comment je m'y étais prise, mes ruses successives pour séduire un homme et, pour finir, le bien-être, les rapports tellement plus agréables que j'entretenais désormais avec mon corps.

— Nous filons tout de suite rejoindre la famille à Vémars où l'on nous attend pour déjeuner.

Maman me repoussa à l'intérieur de l'appartement, tout à l'action de récupérer ici et là quelques effets qu'elle enfouissait dans un sac de voyage.

— Ça te réussit, ton film : tu n'as même pas l'air fatiguée.

Nous roulions, toutes les fenêtres ouvertes à cause de la chaleur. Maman conduisait comme elle l'avait toujours fait : fumant d'une main, tenant le volant de l'autre. Le dialogue entre nous n'était pas aussi aisé que je l'avais imaginé ces derniers jours. Mais enfin, l'avait-il jamais été ? Durant le trajet je nous sentais empruntées, intimidées, et la conversation demeurait décousue avec des moments de silence que l'une ou l'autre essayait d'interrompre. C'était surtout maman qui parlait.

Après m'avoir annoncé que je ne verrais pas mon frère Pierre parti la veille rejoindre nos amis d'enfance dans le Midi, elle m'avait exprimé son ahurissement en me découvrant à la *une* de *France-Soir*; les nombreux appels téléphoniques que cela avait suscités; mon oncle qui de stupéfaction s'était heurté de plein fouet à une colonne

Morris. Puis elle m'avait posé des questions assez superficielles sur le tournage du film, écoutant à peine mes réponses ou me coupant au milieu d'une phrase pour répéter plusieurs fois : « J'espère que tu as apprécié ma discrétion : je ne suis pas venue te voir en rentrant de l'île de Ré. Je ne t'ai pas demandé de m'écrire ou de me téléphoner plus souvent. Je t'ai laissée libre de vivre ta nouvelle vie... » Oui, maman, je sais. Je lui en étais infiniment reconnaissante et j'allais le lui prouver. Nous avions devant nous vingt-quatre heures pour nous parler, pour nous retrouver, pour que je lui raconte...

Nous n'étions plus très loin du village de Vémars où se trouvait la maison de mes grands-parents, quand maman entreprit de me narrer par le menu le récit des nombreuses recherches effectuées dans toute l'île de Ré pour retrouver mon chien Sary. Elle se désolait de n'avoir pas su le garder alors que je le lui avais confié. Je lui répondis qu'elle n'y était pour rien, que cela aurait pu aussi se produire avant mon départ. « Et s'il s'était enfui parce que justement tu étais partie ? Enfui pour te retrouver ? » dit-elle encore. Je lui rappelai que nous l'avions trouvé quatre ans auparavant, dans un refuge pour chiens abandonnés, près de Toulon : « Sary était un vagabond, un aventurier... Eh bien il est redevenu le vagabond des premiers temps. Il est peut-être bien plus heureux maintenant qu'il a retrouvé sa

176

liberté ! » Maman redoutait de ma part un immense chagrin, elle était choquée par mon attitude calme, ma capacité à raisonner et mon refus d'envisager le pire. D'une certaine façon, je la comprenais : avant le film, j'aurais versé des torrents de larmes, accusé ma mère de négligence, maudit le sort mauvais. Or, non seulement je n'avais pas été triste après l'annonce de la disparition de mon chien adoré, mais je l'avais même presque oublié. « Je te trouve bien indifférente, dit ma mère sur un ton soudain sec. On dirait que tu t'en fiches, que tu as cessé de l'aimer depuis que tu fais du cinéma... » Elle me lança un regard lourd de soupçons divers et je perçus fugitivement ce qu'elle pensait en me parlant de mon chien Sary : « On dirait que tu as cessé de *nous* aimer depuis que tu fais du cinéma... »

Mes grands-parents, une tante et un oncle étaient réunis, ce samedi, dans la salle à manger de la maison de campagne familiale. Tous avaient été très impressionnés par mon portrait à la *une* de *France-Soir* : comment pouvais-je, moi, susciter l'intérêt de ce grand quotidien ? J'étais la petite-fille de François Mauriac, ceci expliquait cela, mais tout de même, *la une*... Est-ce qu'il y aurait par la suite d'autres reportages dans d'autres journaux ? Je leur annonçai dans le désordre *Elle, Le Figaro, Match* et *Jours de France.* « Et elle nous récite tout ça comme si c'était normal ! » s'exclama mon oncle sur un ton scandalisé. «J'espère que tu ne vas pas devenir une pimbêche! » surenchérit ma tante. J'essayai de leur expliquer que Robert Bresson justifiait à lui seul ces articles sans me faire entendre : la conversation avait repris son cours habituel, banal et répétitif. Je les écoutais parler, surprise par leur absence de curiosité, leur incapacité à s'intéresser à ce qu'ils ignoraient et qui ne les concernait pas directement. Je contemplais le buste d'un page en cire sur la cheminée qui nous effrayait un peu quand nous étions enfants ; le portrait de ma grand-mère jeune femme, au-dessus de la desserte ; la pelouse et le portail au travers de la fenêtre. Et je ressentais de façon aiguë à quel point rien n'avait changé alors que je devenais moi, de minute en minute, plus radicalement une autre. « Tu t'ennuies déjà avec nous ? » Mon grand-père me contemplait avec ce regard à la fois tendre et féroce qui avait le pouvoir de décontenancer tout le monde. La conversation s'interrompit aussitôt ; il profita quelques secondes du silence pour fixer tour à tour les cinq visages des cinq membres de sa famille et ajouta sur un ton suave et avec un sourire angélique : « Comme je te comprends ! »

Le samedi s'étirait, n'en finissait pas. J'étais contente d'être là et pourtant je me sentais étrangère, en visite. Le souvenir de Robert Bresson,

178

Ghislain Cloquet et d'autres encore ne me quittait pas. Je croyais entendre leurs voix, je m'attendais à ce qu'ils surgissent au détour d'une allée; qu'ils frappent à la porte de la chambre où je m'étais retirée pour mieux penser à eux. Une vague de bonheur alors me soulevait, me faisait sortir, courir dans le parc pour me jeter essoufflée, le cœur battant à tout rompre, dans la grande prairie. Couchée sur le dos, je contemplais le ciel d'un bleu parfait, le doux balancement des cimes des arbres les plus proches et, lorsque je me redressais sur un coude, la maison rose de mon enfance, si aimée jadis et pour laquelle je n'éprouvais plus que de l'indifférence. Mon immobilité n'effrayait ni les papillons ni les insectes: ils me survolaient ou se posaient sur moi comme si j'étais des leurs, une plante parmi les plantes.

Cette impression si nouvelle de faire enfin partie de l'univers me bouleversait physiquement, mentalement, je ne faisais même plus la différence. J'en avais les larmes aux yeux, des frissons et l'envie confuse de me dissoudre, là, tout de suite, dans la chaleur et la lumière de cette fin d'après-midi d'été. Je roulais plusieurs fois dans l'herbe et m'aplatissais la tête contre la terre. Son odeur âcre m'étourdissait puis laissait place à des parfums plus ténus de menthe et de fenouil sauvage. Mon cœur maintenant battait régulièrement. J'étais en paix, réconciliée, avec qui, avec quoi, c'était sans importance mais miraculeux après ces années de chagrin et de mal-être, ces années où il avait fallu vivre sans mon père à mes côtés.

Cette sensation de plénitude et de joie se prolongea durant le dîner et encore après, tout au long de la soirée. Avec ma famille, je suivais à la télévision *Les Cinq Dernières Minutes* et je continuais à m'étonner : comment pouvaient-ils être aussi aveugles ? Ne pas s'apercevoir que je n'étais plus celle qu'ils avaient l'habitude de côtoyer et qu'ils croyaient connaître ?

Le lendemain matin, je persistais à traîner dans la chambre de maman, prête à me confier et n'y parvenant pas. En fait, j'espérais qu'elle comprendrait l'état d'attente dans lequel je me trouvais, qu'elle me demanderait de m'expliquer. En vain. Maman vaquait entre le cabinet de toilette et sa chambre, au début contente de m'avoir auprès d'elle, puis de plus en plus irritée. N'avais-je donc rien de mieux à faire que de la contempler en silence avec un mystérieux et agaçant sourire ? Est-ce que j'allais enfin me décider à descendre du rebord de la fenêtre où je me tenais perchée ? Le temps passait, bientôt la cloche sonnerait l'heure du déjeuner et après ce serait le retour en voiture à Paris et le train pour Versailles. Si je voulais me confier à maman, c'était maintenant ou jamais.

— Tu ne vois rien de changé, chez moi ?

— Non, pourquoi ?

— Je ne suis plus vierge !

Maman s'assit sur son lit et alluma une cigarette. Toujours perchée sur le rebord de la fenêtre, mes bras enserrant mes jambes repliées sous le menton, j'avais la tête tournée vers l'extérieur, vers le parc qui s'étendait deux étages en dessous. Je ne voyais donc pas l'expression de son visage mais je pris son silence pour un encouragement et me lançai de façon désordonnée dans le récit de ma folle équipée à Paris quand elle me croyait chez Marie-Françoise et Bruno. Je ne révélai pas l'identité de l'amant, lui affirmai que l'histoire entre lui et moi était terminée, que c'était un peu triste mais pas plus que ça. Je lui dis encore que de me sentir autre, presque une femme, me rapprochait d'elle et que j'étais maintenant son égale, son amie.

Son silence, d'emblée, aurait dû m'alerter. Mais j'étais si heureuse de pouvoir enfin en parler que je n'y pris pas garde. Mon récit terminé, je me retournai en souriant vers elle, certaine à l'avance de son approbation, de sa complicité. Ce que je vis alors me pétrifia.

Maman était livide, une grimace de dégoût déformait sa bouche, son visage. Jamais je ne lui avais vu une expression aussi effrayante. Elle me fixait comme si j'étais devenue un objet hideux et détestable. Au point de détourner à son tour la

181

tête pour ne plus avoir à croiser mon regard. Un silence terrible s'installa entre nous.

— Et... c'était bien? Tu as aimé? finit-elle par dire.

— Quoi?

— Ce que tu as fait avec cet homme.

— Oui.

Elle eut un sursaut d'indignation proche d'un spasme nerveux et quitta le lit pour se diriger vers le cabinet de toilette. Comme, paralysée d'effroi, je ne bougeais pas du rebord de la fenêtre, elle eut un premier geste pour m'ordonner de descendre et un deuxième plus rageur pour me désigner la porte. J'obéis mais je me jetai à son cou dans l'espoir fou qu'elle me serre dans ses bras, qu'elle m'embrasse, me pardonne, me console, me parle, n'importe quoi qui nous ramènerait en arrière, à ce que nous étions elle et moi la veille encore. Mais elle me repoussa avec ces mots qui s'imprimèrent pour toujours dans ma mémoire : « J'espère que tu ne vas pas y prendre goût... Devenir une femelle... » Et sans me regarder et en me désignant à nouveau la porte de sa chambre : « J'espère aussi que tu ne vas pas raconter *ça* à tout le monde. Je te jure qu'il n'y a pas de quoi se vanter et faire la fière. »

Les heures suivantes s'écoulèrent dans un brouillard pénible. Ma mère m'évitait et je ne tentais plus rien pour me rapprocher d'elle. Quand

182

parfois nos regards se croisaient, elle se détournait aussitôt avec un mélange de dégoût, de gêne et de crainte. Je sentais que ma présence physique l'insupportait et cela me causait une peine immense. Et puis j'étais blessée, terriblement et profondément blessée.

Dans le train qui me ramenait à Versailles, je décidai que ce qui avait eu lieu était un malentendu comme il devait parfois y en avoir entre une mère et sa fille : un jour, peut-être, elle me comprendrait. Mais pour l'instant j'avais à vivre ma nouvelle vie et cette vie était plus forte que tout. Rejetée par ma mère, j'étais désormais libre et je comptais en profiter, sans crainte et sans remords. *Femelle*? Quel mot horrible ! Et je m'efforçais d'en rire, seule dans le train. Ce que je refusais d'admettre et que je compris bien des années plus tard, c'était que quelque chose s'était fissuré pour toujours entre elle et moi, ce dimanche du mois d'août 1965.

Aux questions de Robert Bresson durant le dîner, questions qui concernaient mes retrouvailles avec ma famille, je répondis très évasivement. Je n'avais pas envie de repenser à ce weekend, j'avais juste envie de me laisser aller au plaisir de le revoir lui. Je trouvais délicieux le timbre de sa voix, passionnant le moindre de ses propos. Son inquiétude concernant le climat détraqué qui sévissait dans les Pyrénées devenait la mienne ; comme sa mauvaise humeur vis-à-vis de la production et sa conviction que lui seul savait ce qu'il convenait de faire. Lorsqu'il conclut en citant la marquise de Sévigné : « Quand je ne me fie à personne, je fais des merveilles », je l'approuvai avec enthousiasme. Je trouvais du charme même à la salle à manger, au repas, à nos hôtes.

Nous faisions le tour du parc et comme souvent il avait passé son bras sous le mien. Nous nous taisions mais c'était un silence heureux, un silence complice. Avant de regagner nos chambres, il me demanda de nous asseoir un moment sur le banc afin de profiter de cette nuit si paisible. Le silence était tel que l'on percevait le léger bruissement des arbres un peu plus loin. L'étrange lien qui s'était tissé entre nous s'était modifié peu à peu, presque imperceptiblement : nous n'étions plus aussi troublés l'un par l'autre, ce désordre avait disparu. Nous étions apaisés, confiants. J'étais heureuse de le retrouver. Et rassurée, tellement rassurée... Comme si nous avions failli être séparés, comme si ma famille avait tenté de me retenir prisonnière. Je posai ma tête sur son épaule et je me mis à pleurer. Il perçut quelque chose d'anormal et sa main effleura mon visage. « Des larmes ! » Il me serrait maintenant contre lui, m'essuyait les joues avec son mouchoir.

Ses gestes saccadés et ses phrases hachées manifestaient un effroi proche de la panique. Il me força à me moucher comme un père l'aurait fait avec son enfant, une fois, deux fois et encore une troisième. Puis, sur un ton angoissé :

— C'est déjà votre famille qui vous manque ? Vous voulez la rejoindre ? Ne plus être séparée de votre mère et la retrouver chaque soir après le tournage ?

— Oh, non !

En une seconde je passai des larmes au rire tant son erreur d'interprétation me semblait comique. Il desserra son étreinte, je me détachai de lui.

— C'est vous qui m'avez manqué !

Une émotion immense passa sur son visage. Il me reprit dans ses bras et me serra contre lui avec une sorte de ferveur fiévreuse. Je sentais les battements précipités de son cœur contre ma poitrine. « C'est gentil, murmura-t-il, si gentil de me dire ça... » Puis brusquement il se releva et en m'indiquant la maison : « Rentrons, maintenant. »

Couchée dans mon lit et sur le point de m'endormir, je l'écoutais faire sa toilette et jouer avec les deux chatons. Il s'émerveillait de leur espièglerie, riait ou les grondait avec des excès de tendresse et de joie. Un peu comme il le faisait avec moi, en somme... Et s'il nous aimait d'un même amour les chatons et moi ?

La semaine suivante commença, très différente des précédentes, car il s'agissait de tourner non plus de jour mais de nuit. Je trouvai tout de suite merveilleux d'inverser le cours des choses; de travailler quand les gens normaux dormaient; de se coucher à l'aube. Mais surtout, je n'avais jamais encore vu quelque chose d'aussi étrange et beau que ce bout de jardin puissamment éclairé par les projecteurs. Tout autour la nuit était d'un noir profond et les techniciens, telles des ombres, se déplaçaient en silence. J'étais assise sur un banc, en chemise de nuit, au centre de la lumière. Ou encore, je déposais une couronne de fleurs sur la tête de Balthazar tandis que les mauvais garçons, tapis dans l'obscurité, m'épiaient. Cela durait le temps d'une prise, puis tout s'éteignait.

Fascinée par cette nuit à la fois vraie et fausse, j'étais encore plus mystérieusement reliée à Robert Bresson. Parfois, il lui suffisait d'un geste de la main ou d'un battement de paupières pour que je comprenne ce qu'il attendait de moi. Je faisais alors une troisième prise, voire une quatrième. Son sourire me confirmait que c'était ce qu'il désirait et une petite flamme dans ses yeux semblait me dire : « Vous voyez, maintenant nous n'avons même plus besoin de nous parler : mes pensées vont directement de moi à vous. »

Puis il y eut trois autres nuits où presque tous les personnages se retrouvaient pour fêter l'héritage inattendu d'Arnold, le clochard. Une fête qui tournait à l'ivresse générale et qui se terminait par une mise à sac du café par les mauvais garçons. Les scènes se passaient à l'intérieur et à l'extérieur du café de Guyancourt, avec une nombreuse figuration venue de Paris. Cela faisait beaucoup de monde en même temps, exigeait d'importants moyens techniques et j'avais presque l'impression d'être entrée dans un autre film. Un film qui s'apparenterait à celui de René Clément, *Paris brûle-t-il ?*, qui se tournait en même temps que le nôtre et dont on parlait beaucoup. Des membres de l'équipe me racontaient les panneaux indicateurs en allemand place de la Concorde ; les drapeaux nazis ; les petits déjeuners avalés en vitesse au café Les Trois Obus, porte de Saint-Cloud, où les équipes des deux films se côtoyaient tôt le matin. « *Balthazar* est une toute petite production à côté de *Paris brûle-t-il ?* », me rappelaient-ils à chaque fois.

Le premier soir, la mise en place démarra lentement: l'aménagement du décor n'était pas complètement terminé et des ouvriers donnaient ici et là quelques derniers coups de marteau. Pierre Charbonnier courait de l'un à l'autre, les pressant d'achever au plus vite leur tâche et de quitter le plateau. Pendant ce temps, Ghislain Cloquet finissait d'installer un éclairage complexe destiné à couvrir plus d'espace qu'à l'ordinaire. Il était visiblement de mauvaise humeur et maugréait à voix basse, essayant un projecteur, l'éteignant, le rallumant. À mes questions, il répondit avec une irritation accrue:

— C'est votre Bresson. Comme d'habitude, il ne sait pas ce qu'il veut! Trois fois déjà, il est passé sur le plateau; trois fois, il m'a demandé de modifier mon éclairage.

— Mais il sait très bien ce qu'il veut! Il dit que ce que vous lui montrez lui déplaît parce que ça lui déplaît! Quand vous trouverez ce qu'il veut, il le reconnaîtra tout de suite!

Ma fougue désarma l'attitude agressive de Ghislain Cloquet. Il me contempla d'un air rêveur, puis:

— Vous prendrez donc toujours sa défense... Un véritable ange gardien... Le sait-il, au moins, que vous êtes son ange gardien?

Il fut interrompu par Pierre Charbonnier qui m'avait prise par les épaules pour me pousser vers la sortie.

— Quitte le plateau, jeune ange gardien, il y a trop de personnes inutiles ici et tu nous encombres !

Devant le café, son scénario à la main, Robert Bresson faisait les cent pas. Il s'était peu auparavant entretenu longuement au téléphone avec la productrice et cela expliquait sans doute les regards irrités qu'il lançait aux uns et aux autres, au ciel, au village. Pierre Charbonnier vint s'excuser du retard dont il était pour l'instant le principal responsable.

Mais Robert Bresson lui coupa la parole et, sur un ton scandalisé :

— C'est la nuit qui est en retard, la nuit ! Et la lune, tu crois qu'elle sera comme je le souhaite, la lune ?

— Ah ça, mon vieux...

Les trois nuits furent particulièrement éprouvantes pour Robert Bresson et l'ensemble de l'équipe technique. À la difficulté de chaque plan et au manque de temps, s'ajouta un radical changement de température : tout à coup le baromètre chuta et il se mit à faire froid, très froid. Malgré les efforts de tous, il y eut quelques heures de travail supplémentaire. Dès l'aube, techniciens, interprètes et figurants retournaient gelés et épuisés à Paris pour s'y reposer avant de revenir à Guyancourt, à la mi-journée.

Mais pour moi, ces nuits furent très amusantes et riches de nouvelles rencontres. J'avais une seule et longue scène et, le reste du temps, je ne faisais que participer à quelques plans d'ensemble. Cela me laissait la liberté de circuler où je voulais et me permit de faire mieux connaissance avec d'autres interprètes : Jean-Claude qui jouait le clochard ; Pierre Klossowski, à peine entrevu, mais que je retrouverais bientôt pour plusieurs jours ; la bande des mauvais garçons avec qui je disputais des parties de baby-foot. Entre eux circulaient des bouteilles de gin et pour ne pas démériter à leurs yeux, il m'arrivait d'en avaler de bonnes rasades. Cela me réchauffait, m'excitait et aiguisait le plaisir d'être là, avec eux. Les heures passaient, les habitants du village, massés en début de soirée derrière des barrières métalliques, dormaient depuis longtemps, l'équipe manifestait des signes de fatigue et moi je virevoltais de l'un à l'autre, offrant du café chaud et des cigarettes. « Rentrez vous coucher », disait régulièrement Robert Bresson d'un ton las. Me coucher ? Ah, non !

À l'aube de la dernière nuit de tournage, alors que nous rentrions lui et moi dans une brume grise et humide qui semblait annoncer l'automne, il eut cette exclamation horrifiée : « Mais vous sentez l'alcool ! — Gin ! » ripostai-je avec fierté et sans doute un peu ivre. Nous fîmes en silence les derniers mètres qui nous séparaient de la maison. Il marchait à petits pas, voûté, comme s'il portait le poids du monde sur ses épaules.

Au moment de nous séparer, il déposa un rapide baiser sur ma joue et murmura : « Vous vous conduisez comme une enfant... » Puis il referma la porte entre nos deux chambres et je l'entendis se coucher, sans passer par la salle de bains et sans jouer avec ses chatons.

La productrice venait déjeuner en compagnie du cinéaste Jean-Luc Godard, et Robert Bresson ne décolérait pas car cela avait été décidé sans le consulter et au dernier moment. Le prétexte était l'admiration éperdue qu'éprouvait le plus jeune envers le plus âgé et la possibilité d'un entretien avec la revue *Les Cahiers du cinéma*. « Comme si j'avais du temps à perdre ! » fulminait Robert Bresson.

En ce qui me concernait, j'étais très contente à l'idée de les abandonner et de retrouver l'ensemble de l'équipe dans le café de Guyancourt. Mais Robert Bresson me l'interdit : « Il n'est pas question que vous me laissiez seul avec *eux* ! » J'essayai en vain de l'amener à changer d'avis. « Non, non et non : vous resterez avec moi. D'ailleurs, la productrice exige votre présence... » Et sur un ton soudain soupçonneux : « Je me demande bien pourquoi... Vous avez déjà vu un film de ce Jean-Luc Godard ? — Non. » Mon ignorance parut l'apaiser et, armé de son viseur, il commença à évoquer les plans prévus pour le début de l'après-midi me laissant, moi, de fort mauvaise humeur.

Ghislain Cloquet auprès de qui je me plaignais s'étonnait de mon « absence de curiosité ». Selon lui, Jean-Luc Godard était l'un des cinéastes les plus importants de sa génération et l'approcher était un privilège. Est-ce que je me rendais compte de la chance qui m'était offerte ? Pas vraiment. Mais Ghislain insista et j'essayai de lui expliquer.

Si je n'avais pas vu les films de Jean-Luc Godard, j'en avais beaucoup entendu parler. Autour de moi, les adultes, Marie-Françoise, Bruno et même quelques amis de mon âge, s'y précipitaient dès leur sortie en salle. Certains adoraient, d'autres détestaient et ces divisions entraînaient d'interminables discussions, voire des querelles. On s'excitait à son sujet comme on pouvait le faire à propos de la guerre d'Algérie ou du général de Gaulle. En résumé, il fallait voir ses films puis prendre position pour ou contre sous peine de ne pas être dans l'air du temps, à la mode.

— Et vous refusez cette obligation d'être « à la mode » ? s'amusait Ghislain Cloquet.

— Voilà !

Je devais avoir l'air d'une enfant butée car il éclata de rire. Il me désigna Robert Bresson qui m'attendait et qui manifestait son impatience en marchant de long en large à quelques mètres de nous.

— Allez-y et tâchez de vous amuser. Ne serait-ce qu'en découvrant qu'il y a d'autres cinéastes que votre cher et tyrannique mentor.

Si je persistais à être de mauvaise humeur, Robert Bresson l'était aussi. Et cela malgré la productrice Mag Bodard qui déployait tous les charmes de sa féminité et de son savoir-vivre pour donner plus d'éclat à ce drôle de déjeuner.

En bafouillant et d'une voix un peu perchée, Jean-Luc Godard avait d'emblée exprimé sa curiosité à l'égard du film que nous étions en train de tourner. Il en aimait les thèmes, l'histoire. Lier les destins tragiques d'un âne et d'une jeune fille lui semblait une idée très émouvante et très poétique. Robert Bresson l'écoutait en silence, se contentant de hocher de temps en temps la tête en signe d'assentiment. Il avait cet air bien élevé et innocent que j'avais appris à déchiffrer et qui signifiait l'étendue de son irrémédiable ennui. Jean-Luc Godard s'en doutait-il? Le peu d'assurance dont il avait fait preuve au début du repas s'évaporait. Il semblait maintenant à court de compliments, de sujets. Alors il évoqua ses lectures et plus longuement *Michaël, chien de cirque*. Robert Bresson connaissait-il l'existence de ce roman? «Non, répondit l'intéressé. — Son auteur, alors, Jack London? — Non.» De plus en

194

plus déconcerté, notre malheureux visiteur se tourna vers moi et pour la première fois, m'adressa la parole : « Et vous, mademoiselle ? — Non. — Je suis sûr que vous aimerez *Michaël, chien de cirque.* Voulez-vous que je vous l'envoie ? — Bof, non. »

Nous nous dirigions tous les quatre vers la partie du parc où devaient se tourner les prochains plans et Mag Bodard animait seule une conversation désormais inexistante. Robert Bresson en profita pour me murmurer à l'oreille : « Mais qu'est-ce qu'il croit ? Bien sûr, j'ai lu *Michaël, chien de cirque*! Bien sûr, je connais Jack London ! Je n'ai pas envie de lui en parler, c'est tout ! » Et à voix haute, sur un ton mondain : « Alors, mon cher Jean-Luc, vous êtes à la veille de commencer un nouveau film ? Mais c'est formidable ! Comment s'appelle-t-il déjà ? Non, non non, laissez-moi me rappeler... *Pierrot le fou* ? Oui, c'est ça, *Pierrot le fou* ! C'est formidable ! » Jean-Luc Godard bredouilla un début de remerciement mais Robert Bresson, tel un grand seigneur avec son vassal, le fit taire d'un petit geste de la main : son équipe l'attendait.

Et c'est ainsi que nous prîmes congé de nos visiteurs. Jean-Luc Godard erra une heure encore parmi nous, avec la mine chagrine d'un orphelin qui se cherche sans espoir une famille. Parfois je sentais son regard se poser plus longuement sur moi. Mais j'étais avec mes chers techniciens, tous très occupés, et le plaisir de les regarder travailler me fit très rapidement oublier cet intrus. J'aurais été bien étonnée si l'on m'avait dit alors que je le retrouverais un an plus tard et qu'il m'apprendrait lui-même les vraies raisons de sa présence, ce jour d'août 1965, sur le tournage d'*Au hasard Balthazar*. Selon lui, il était tombé amoureux d'une photo de moi parue dans *Le Figaro*, et rencontrer Robert Bresson n'avait été rien d'autre qu'un prétexte pour m'approcher. Mais ceci est une autre histoire...

Un peu avant le dîner et après qu'il eut pris son bain tout en dialoguant avec ses chatons, Robert Bresson me demanda de venir dans sa chambre. Je quittai la mienne et passai dans la sienne où il m'attendait allongé sur son lit, deux scénarios sur les genoux. Il m'en tendit un.

— J'aimerais vous entendre lire le rôle de la reine Guenièvre à partir de la page indiquée.

Le scénario dont il était question s'appelait *Lancelot du lac* et Robert Bresson m'avait plusieurs fois évoqué ce projet de film dont aucun producteur ne voulait et qui lui tenait tellement à cœur; son espoir de trouver un jour la personne adéquate et sa conviction que ce serait son film le plus abouti. Fort de ces certitudes, il persistait à faire circuler des exemplaires et à en parler au présent.

Je m'installai par terre, le dos appuyé contre le lit et lus avec plaisir les répliques de la reine Guenièvre tandis qu'il y répondait de mémoire tout en caressant les chatons. En bas, dans la cour, Charly rentrait avec son tracteur et apostrophait sa femme à propos d'une obscure querelle de ménage.

— Quelle horrible voix, soupira Robert Bresson. Ce n'est pas comme vous, je ne me lasse pas de vous entendre... Reprenez, s'il vous plaît.

Il était toujours allongé sur le lit mais avait négligemment posé sa main sur mon épaule. Une main au début si légère que je ne l'avais pas sentie.

— Vous feriez une merveilleuse Guenièvre, murmura-t-il.

Sa main remontait, effleurait ma nuque, caressait doucement mon cou. Je cessai de lire et me retournai vers lui. Son regard à la fois brûlant et tendre m'enveloppait tout entière mais je savais, maintenant, que ce regard ne me réclamait rien d'autre que d'être là, près de lui. Je savais aussi que personne encore ne m'avait regardée avec autant d'amour.

— Oui, reprit-il, une merveilleuse Guenièvre... Mais il faut me promettre de ne jamais tourner avec quelqu'un d'autre que moi... Vous me promettez, n'est-ce pas?

Cette demande me prit tellement au dépourvu que je ne trouvai rien à lui répondre. Lui perçut mon silence pour un acquiescement et un sourire heureux illumina son visage.

— J'étais sûr de votre réaction. À la sortie de *Balthazar,* vous vous interdirez de rencontrer d'autres cinéastes. Il faudra protéger votre innocence... vous garder pour moi, pour *Lancelot du lac.* Alors, vous pourrez être ma reine Guenièvre. Vous voulez bien, n'est-ce pas?

— Mais qui voudra produire votre film puisque personne n'en veut depuis vingt ans? C'est fini, cette histoire! Vous n'y arriverez jamais!

Une ombre soudaine obscurcit son visage et sa main quitta ma nuque. Nous nous regardâmes en silence, sans bouger. Ses yeux reflétaient une tristesse et une lassitude qui le vieillissaient brusquement de plusieurs années. Ce n'était pas la première fois que j'assistais à cette mystérieuse métamorphose et, une fois de plus, je ne comprenais pas qu'il puisse changer d'âge à ce point.

— Vous êtes cruelle, dit-il enfin.

Et comme j'allais protester:

— Mais vous ne le savez pas encore.

Durant le tournage d'*Au hasard Balthazar*, j'ai pris conscience de ce que pouvait être le bonheur de vivre ou, plus exactement, le bonheur de se sentir vivre. Cela ne ressemblait pas tout à fait à ce que j'avais pu lire dans des romans ou voir dans des films; c'était plus brutal, plus sauvage et, me semblait-il, plus ouvert.

Tout ce qui concernait le tournage y participait: les moments heureux, mais aussi ceux qui l'étaient moins car ils ne duraient jamais longtemps. Je ne songeais guère à ma famille, à mes amis et j'avais à peine conscience de ce qui se passait dans le monde. Pourtant, le soir, dans la maison de Guyancourt, nous regardions la télévision.

Des images nous avaient montré l'Algérie et l'arrivée au pouvoir du colonel Boumediene; le président des États-Unis réclamant toujours plus de crédit pour l'intervention américaine au Vietnam; les violentes émeutes raciales à Los Angeles où, durant trois jours, sept mille Noirs avaient pillé les armureries et incendié les maisons; le gigantesque incendie qui avait ravagé durant quatre-vingt-dix heures la Côte d'Azur entre Hyères et le Lavandou où mon ami Antoine passait ses vacances.

Robert Bresson et moi suivions ces reportages et éprouvions, comme Josie et Charly, des sentiments divers. Mais cela s'effaçait très vite de nos consciences. Il suffisait que nous nous retrouvions dehors, dans la douceur d'une nuit d'été, pour que Robert Bresson reprenne tout naturellement une conversation plus intime. Nous parlions du film, bien sûr, mais la plupart du temps indirectement.

Il évoquait l'âne du tableau de Watteau, *Gilles*, dont il m'avait montré une reproduction, ou bien celui de Dostoïevski dans *L'Idiot* ou encore ceux qui ornaient les frontons des cathédrales romanes. Il me parlait rarement de mon personnage, mais c'était inutile: je l'incarnais, je disais ses mots, et cela suffisait. Contrairement à ce qu'avait pu craindre mon grand-père, le destin tragique de Marie ne m'affectait pas. Je crois même que je n'en avais que très vaguement conscience. À croire que l'état de bonheur dans lequel je vivais me protégeait de tout.

Arrivèrent enfin les séquences chez le marchand de grains que tous s'accordaient à juger « équivoques », pour ne pas dire « scabreuses », comme ne se gênaient pas de le faire Josie et Charly dans le dos de Robert Bresson. C'étaient aussi les derniers intérieurs en région parisienne. Les plans prévus étaient très nombreux et comportaient beaucoup de dialogues. Voilà à peu près de quoi il s'agissait.

Marie, affamée, à bout de forces et dégoulinante de pluie, se réfugiait chez le marchand de grains qu'interprétait Pierre Klossowski. Elle se dévêtait, s'enroulait nue dans un édredon et réclamait à manger. Il lui donnait de la confiture, une pomme et quelques billets de banque car elle s'offrait à lui en échange. Un long dialogue s'installait entre eux, de part et d'autre de la table. Elle confiait son désir de s'enfuir et lui sa conception de la vie et de la société, qui était d'un cynisme et d'une noirceur absolus. Au petit matin, elle se rhabillait plus désespérée que jamais et partait vers ce qui allait être sa perte.

Je connaissais le scénario, j'avais lu et relu cette séquence avec Robert Bresson et elle excitait ma curiosité par sa longueur et le conflit qui opposait les deux personnages. Elle demandait de ma part un délicat dosage d'innocence et de perversité, d'aplomb et de détresse et Robert Bresson l'avait à dessein située en fin de tournage. « Vous serez alors complètement habituée à la caméra et vous n'aurez plus peur de rien », m'avait-il expliqué quelque temps auparavant. En face de moi j'avais

201

Pierre Klossowski dont la très forte personnalité m'impressionnait.

C'était un homme étrange qui se déplaçait avec une certaine difficulté et qui semblait parfois souffrir d'habiter son corps. Il était de petite taille mais sa façon de redresser son buste, son port de tête et surtout l'acuité de son regard le faisaient paraître plus grand. Il émanait de lui une fragilité réelle et en même temps quelque chose de dominateur qui le rendait séduisant et un peu effrayant. Son attention aux autres, à tous les autres, était totale. Son désir de comprendre ce qu'on attendait de lui et sa volonté éperdue, presque enfantine, de bien faire étaient sans limites. À l'inverse de François ou de Walter, l'un et l'autre beaucoup plus indifférents, il paraissait vouloir *se donner,* immédiatement et totalement. Nous étions quelques-uns à savoir qu'il était écrivain mais personne ne l'avait lu à l'exception de Ghislain Cloquet et de deux assistants. Quels étaient au juste ses liens avec Robert Bresson? Nous l'ignorions et j'avais omis de le lui demander. Visiblement, ils se connaissaient et s'estimaient.

C'est pourtant avec lui que Robert Bresson se montra injuste et dur. Cela dura principalement le temps d'un plan où le marchand de grains, armé d'une lampe à pétrole, allait ouvrir la porte de sa demeure à Marie censée tambouriner dehors, sous la pluie.

Comme toujours, Robert Bresson avait une idée très précise de ce qu'il souhaitait et, comme toujours, il en fit d'abord la démonstration à Pierre Klossowski. Celui-ci devait dans un seul mouvement et en se tenant bien droit atteindre puis ouvrir la porte. Or, malgré son extraordinaire bonne volonté, il n'y parvenait pas. Quoi qu'il fasse, il avançait un peu en biais, à la façon d'un crabe. Les prises se succédaient et Robert Bresson s'énervait, devenait agressif. « Mais qu'est-ce que c'est que cette démarche ridicule ? Est-ce que je marche comme ça, moi ? Redressez-vous, à la fin ! » protestait-il à chaque nouvelle tentative. Pierre Klossowski recommençait, de plus en plus misérable. Pourquoi Robert Bresson ne voyait-il pas que son interprète souffrait d'un réel handicap ? Il s'acharnait sur lui comme il le faisait avec l'âne Balthazar quand l'animal refusait de regarder dans la bonne direction. Cette situation humiliante se prolongea toute la matinée et je me souviens d'avoir pensé, à l'instar de Ghislain Cloquet, que Robert Bresson éprouvait du plaisir à maltraiter Pierre Klossowski. Mais ce fut la seule fois.

Puis vinrent les premières séquences entre Marie et le marchand de grains, dans le sinistre décor aménagé par Pierre Charbonnier. C'était une petite pièce exiguë, encombrée par les projecteurs et qui ne pouvait contenir toute l'équipe. Il y faisait très chaud, on manquait d'air et les répétitions commencèrent dans un climat chargé d'électricité.

— *C'est ici qu'on aimerait mourir. On n'aurait rien à regretter.*

— *Qui parle de mourir ?*

— *Moi... Vous ne croyez à rien ?*

— *Je crois à ce que je possède. J'aime l'argent. Je déteste la mort.*

— *Vous mourrez quand même. Comme les autres.*

— *Je les enterrerai tous.*

Robert Bresson avait découpé la séquence en plusieurs plans, sur moi d'abord et sur Pierre Klossowski ensuite. Comme à chaque fois que je me trouvais seule à l'image, c'est à lui que je m'adressais et c'est lui qui me répondait. Il se tenait près de la caméra et disait ses répliques sur un ton neutre et rapide.

— Moteur !

— Ça tourne !

— Annonce !

— *Balthazar,* 579, première !

— Action !

— *Vous êtes vieux.*

— *Pas tant que ça.*

— *Vous n'êtes pas beau.*

Ce qu'il y avait entre nous au moment où je lui disais ces mots se chargeait de quelque chose de très intime. Je jouais le rôle de Marie, bien sûr, mais j'étais en même temps Anne et je m'adressais avec les mots d'une autre directement à Robert Bresson. Tous les sentiments complexes que j'avais, depuis notre première rencontre, éprouvés pour lui s'infiltraient dans ma voix et, sans doute, se reflétaient sur mon visage. Ces mots, j'aurais peut-être pu les lui dire au début quand il désirait m'embrasser, certains soirs, dans le parc. J'y mettais ce jour-là, pour les besoins de la scène, un mélange de coquetterie et de candeur que j'avais en moi sans le savoir et qui était apparu grâce à lui, avec lui. Ce qu'il avait si fortement contribué à révéler chez moi devenait une matière vivante dont je pouvais me servir pour enrichir le personnage de Marie. Même le désespoir feutré dans lequel je vivais depuis la mort de mon père et que j'avais presque oublié, remontait soudain à la surface. En fait, je découvrais de façon instinctive, au fur et à mesure des séquences et sans pouvoir encore me l'expliquer, les bases du métier d'actrice. Plus tard, quand je déciderais de poursuivre dans cette voie, j'apprendrais à me servir de toutes ces données, à les mettre en ordre. Pour l'instant, cela me procurait un plaisir inconnu, dont j'étais consciente et qui me poussait à oser improviser un silence, un regard, une intonation, quelque chose que Robert Bresson ne m'avait pas demandé et que nous n'avions pas répété.

— *Un ami... qui partage mes plaisirs et mes peines.*

— Coupez! Elle transpire.

Robert Bresson quitta sa place près de la caméra et vint essuyer lui-même et avec son mouchoir une goutte de sueur sur mon front, à la racine des cheveux, que personne à part lui n'avait vue. Il en profita encore pour rectifier ma queue-de-cheval postiche et pour remonter sur une de mes épaules l'épais édredon sous lequel j'étais supposée être nue. « C'est bien, murmura-t-il. C'est bien... »

La journée de tournage s'achevait, tout le monde commençait à donner des signes d'épuisement quand le directeur de production rappela qu'il « n'était pas question de dépasser l'horaire prévu ». Robert Bresson fit l'étonné puis sortit enfin dehors en compagnie de Pierre Klossowski. Je marchais derrière eux et je l'entendis avec surprise lui répéter exactement ce qu'il avait dit deux semaines auparavant à Walter Green.

— Vous deviendrez le personnage du marchand de grains quand vous accepterez de rester vous-même. C'est pour cette raison que j'ai tourné en premier avec Anne, pour que vous l'observiez... Anne ne rajoute aucune intention et ne fait pas de psychologie... C'est pour ça qu'elle est toujours juste et toujours vraie.

Il ne s'était donc pas rendu compte que quelque chose avait changé dans ma façon d'incarner Marie. Un instant, j'eus l'envie de lui en parler, de faire la maligne comme lorsque je

206

m'étais vantée d'avoir bu du gin. Mais j'y renonçai car Robert Bresson, jamais, n'aurait pu l'admettre. S'il était satisfait de moi, s'il m'avait trouvée bien, cela ne pouvait venir que de lui et de sa méthode de travail.

Le tournage en région parisienne s'achevait et l'essentiel de l'équipe s'apprêtait à rejoindre les Hautes-Alpes pour les derniers extérieurs d'*Au hasard Balthazar*. Pierre Charbonnier qui s'y trouvait déjà cherchait de nouveaux décors et téléphonait tous les soirs à Robert Bresson. Selon lui, le ciel, les montagnes, les grandes prairies en pente et les troupeaux de moutons constituaient un paysage très proche de celui des Pyrénées, lieu initialement prévu et auquel il avait fallu renoncer. À cela s'ajoutait un temps ensoleillé qui, prévoyait-on de source sûre, se maintiendrait jusqu'en octobre. « Et mes bergeries? s'inquiétait Robert Bresson. — Tu les auras, mon vieux, tu les auras! » Pierre Charbonnier, comme toujours, se voulait optimiste.

Il habitait un petit hôtel à la campagne, à quelques kilomètres de Gap, et nous devions le rejoindre à la fin de la semaine. Nous, c'étaient Robert Bresson, son épouse que je n'avais jamais rencontrée, les deux chatons et moi. Les autres arriveraient trois jours après et logeraient dans ce même hôtel, entièrement réquisitionné pour les besoins du film. Beaucoup comptaient recevoir la visite de leur femme ou de leur petite amie. Ainsi de Ghislain Cloquet et de mon ex-amant.

Durant les derniers jours, l'humeur de l'équipe changea et devint joyeuse comme à la veille d'un départ en vacances. Des adresses de restaurants et de sites touristiques circulaient et l'on répétait à l'envi : « Après cet été pourri, un peu de soleil ne sera pas du luxe ! »

Robert Bresson envisageait sans plaisir mais résigné la perspective de cette vie communautaire car une seule chose le préoccupait vraiment : mon temps de présence auprès de lui, qui désormais était compté. Nous étions déjà en septembre, la rentrée des classes s'annonçait et il avait été prévu par contrat que je serais de retour au collège de Sainte-Marie, le 20. Malgré les retards accumulés ici et là, il me restait peu de plans à tourner et mon séjour dans les Hautes-Alpes ne devait pas dépasser une semaine. Ensuite...

Ensuite, je quitterais le tournage et rentrerais à Paris les laissant sans moi poursuivre et achever *Au hasard Balthazar*. Je n'arrivais pas à accepter l'idée de cette séparation, Robert Bresson non plus et nous étions pareillement angoissés et malheureux. « On va modifier le plan de travail pour vous garder plus longtemps... », ne cessait-il de me répéter. Et comme je semblais en douter : « Je trouverai une raison... On convaincra votre famille... Les dames de Sainte-Marie... J'ai beaucoup d'amis chez les catholiques... Je peux les faire intervenir... Je vous le jure... N'est-ce pas que vous me croyez ? » Hélas non, je ne le croyais pas. Mais je n'avais pas le courage de le lui dire et je gardais les yeux baissés pour qu'il ne puisse pas y lire la réponse.

C'était une mélancolique fin d'après-midi où l'on sentait déjà l'automne. Il avait plu durant la journée et les flaques d'eau tardaient à sécher dans les allées du parc. L'air avait fraîchi mais demeurait chargé de parfums. C'étaient l'herbe de la prairie, fauchée peu auparavant, et les roses, les lauriers et les œillets plantés autour de la maison. Des cris et des rires d'enfants montaient du potager voisin et, dans sa cuisine, Josie préparait le dîner. C'était une fin d'après-midi semblable à toutes celles qui l'avaient précédée et pourtant...

Et pourtant, c'était la dernière.

Robert Bresson était parti visionner les rushes de la veille aux laboratoires L.T.C. et, comme d'habitude, j'attendais son retour assise sur le banc du parc où s'étaient tournées les deux longues scènes entre Jacques et Marie. J'avais apporté un roman que je ne lisais pas, tant j'étais sensible à tout ce qui m'entourait, au charme de ce parc, aux souvenirs heureux du tournage qui m'assaillaient. Je regardais les arbres, les massifs de fleurs, les contours de la maison, le sable mouillé des allées pour m'en imprégner et ne jamais les oublier. Comme je ne voulais jamais oublier les visages et la façon de travailler des techniciens. Maintenant je connaissais par cœur les mots de leur vocabulaire et je savais que je me les répéterais plus tard : clap, travelling, mandarine, rails, insert, pano, arcs, perche, sons seuls. J'avais dix-huit ans, je croyais que cet été avait fait de moi une adulte et je découvrais que je n'étais rien d'autre qu'une petite jeune fille dont les vacances se terminaient et qui devait reprendre le chemin de l'école.

Et cette petite jeune fille qui réapparaissait soudain, alors que je la croyais loin derrière moi, m'exaspérait. N'avais-je pas encore une semaine de tournage dans les montagnes des Hautes-Alpes ? Dix jours même, si j'incluais dans mes comptes le voyage en voiture avec Robert Bresson, sa femme et ses chats. Et douze, si je rajoutais les quarante-huit heures de repérage en compagnie de Pierre Charbonnier. Alors pourquoi un tel chagrin ?

En contemplant le parc et la maison, je prenais conscience que s'achevait la partie la plus heureuse de ma belle, si belle aventure. Cette maison où nous avions vécu, Robert Bresson et moi, était devenue la mienne. La nôtre, à vrai dire. Elle avait abrité, donc favorisé, les liens si singuliers qui

212

s'étaient, jour après jour, tissés entre nous et dont j'ignorais encore à quel point ils allaient profondément et pour toujours orienter ma vie. Parce que ce séjour était arrivé à sa fin, je réalisais la richesse de notre constant tête-à-tête. Oui, nous avions formé un couple, un drôle de couple. Oui, nous avions été deux, cela m'avait rendue très heureuse et c'est cela qui s'achevait ce soir. Après, à l'hôtel de Gap, entourés de tous, nous ne serions plus jamais seuls. J'ignorais ce que j'allais y gagner mais je savais ce que j'allais perdre et c'était le sentiment de cette perte qui me rendait soudainement triste

Je l'avais entendu garer sa voiture dans la cour et je le regardais avancer vers moi. Son allure et sa démarche assurée avaient quelque chose de triomphant. Comme cela lui arrivait parfois, Robert Bresson avait changé d'âge et c'est presque un jeune homme qui se glissa à mes côtés, sur le banc.

— Trois semaines ! dit-il aussitôt.

Et devant mon air ahuri :

— Trois semaines, je vous garde trois semaines avec moi ! Je les ai eues toutes les deux !

— Toutes les deux ?

Il prit le temps de s'étirer avec des grâces de félin et de renouer autour de ses épaules son pull-over en cachemire avant de consentir à s'expliquer davantage. Sans que je le sache, il avait

213

entamé des négociations avec ma mère, d'un côté, et la directrice de Sainte-Marie, de l'autre, pour reculer la date de mon retour à Paris. Il leur avait menti au point d'inventer des séquences où j'étais censée figurer et qui nécessitaient des paysages de montagne; exagéré les retards pris en région parisienne à cause du mauvais temps et des innombrables caprices de l'âne Balthazar. Il s'était fait tour à tour suppliant, humble et séducteur, mettant le sort de son film entre leurs mains et se servant de l'une pour mieux convaincre l'autre.

— Mais ma rentrée des classes?

— Sacrifiée au profit de mon œuvre!

Il me raconta encore que maman avait été la plus réticente et que, sans l'appui de la directrice qui était une fervente admiratrice de ses films, il n'aurait jamais pu la convaincre. J'étais abasourdie par son audace et son aplomb; émerveillée par la force de sa volonté qui, une fois encore, l'emportait sur tout. Il m'expliqua ensuite comment il comptait modifier le plan de travail et comment, grâce à de nouveaux mensonges, la production serait obligée de prolonger mon séjour à Gap. Il riait de plaisir, de bonheur, de fierté. Il était irrésistible, il le savait, il le lisait dans mes yeux.

— Vous êtes contente, j'espère?

Sans réfléchir, je jetai mes bras autour de son cou et mis ma tête au creux de son épaule.

— Oui, Robert, si contente !

Et immédiatement et en même temps nous éclatâmes de rire. Sans m'en rendre compte, je venais de rejouer la fin de la première scène entre Jacques et Marie, celle que Walter avait eu beaucoup de mal à tourner. C'était sur ce banc, c'était cinq semaines auparavant et cela me semblait dater de la veille. Robert Bresson reprit aussitôt le dialogue de son film.

— *Tu te souviens de ce que je t'ai promis, il y a beaucoup d'années, sur ce banc... ? Que je n'en aimerai pas d'autre ?*

— *Mais moi, Jacques, je ne suis pas sûre de t'aimer.*

— *Est-ce si difficile à savoir ?*

— *Et si je ne t'aime pas, je ne veux pas te tromper en disant que je t'aime.*

— *Tu sais bien si tu es contente d'être avec moi.*

— *Oui, Jacques, si contente !*

Maintenant, nous nous taisions. J'avais toujours mes bras autour de son cou et ma tête au creux de son épaule. Lui avait croisé ses mains sur ses genoux et demeurait aussi immobile qu'une statue. Nous étions pareillement paisibles, attentifs aux derniers chants d'oiseaux, à la lumière du jour qui diminuait et aux ombres des arbres qui s'agrandissaient dans l'allée. Nos respirations s'étaient accordées et il me semblait que nos cœurs battaient au même rythme. Bientôt Josie surgirait de la maison et nous appellerait pour le dîner. Ou bien ce serait Charly. Quelques lampes déjà étaient allumées au rez-de-chaussée.

— Les jours raccourcissent, l'été s'éloigne, dit Robert Bresson.

— J'ai été si heureuse auprès de vous.

Il me prit contre lui et me serra dans ses bras. Quelques secondes passèrent comme s'il méditait une réponse. Puis, avec gravité et en me regardant droit dans les yeux :

— Moi aussi. Vivre auprès de vous m'a énormément apporté... Votre jeunesse m'a rendu jeune... Souvent, j'ai eu votre âge...

Et devant mon air étonné :

— Vous comprendrez plus tard... Plus tard.

Au sortir du métro Trocadéro, je m'arrête pour marquer une pause. Un brouillard humide et poisseux estompe les bâtiments du palais de Chaillot, l'esplanade, la tour Eiffel, un peu plus loin. Ce brouillard d'octobre accentue l'étrangeté de mon retour à la vie normale : la maison et ma famille, la veille, le collège de Sainte-Marie, maintenant. Depuis que je suis rentrée chez moi, j'ai le sentiment d'être une étrangère en visite. Ma vie n'est pas vraiment là. Ni auprès de Robert Bresson ni au sein de l'équipe du film, comme je l'avais cru durant l'été : cela aussi est terminé. Je l'avais compris en les voyant retrouver leur femme ou leur petite amie. Ma vie, ce serait encore autre chose. Le brouillard soudain se dissipe, la tour Eiffel surgit bien nette et, derrière elle, les jardins du Champ-de-Mars, Paris. Face à ce paysage nettoyé, il me semble que je la pressens ma vie, fugitivement mais à perte de vue.

Photocomposition Euronumérique.
Achevé d'imprimer
sur Roto-Page
par l'Imprimerie Floch
à Mayenne, le 6 février 2007.
Dépôt légal : février 2007.
1ᵉʳ dépôt légal : décembre 2006.
Numéro d'imprimeur : 67607.

ISBN : 978-2-07-077409-8 / Imprimé en France.

150966